Die Ueberbürdung der Schüler in den höheren Lehranstalten Deutschlands mit Beziehung auf die Wehrhaftigkeit des Deutschen Volkes

von

P. Hasemann,
Kais. Staatsanwalt,
Hilfsarbeiter im Ministerium für Elsaß-Lothringen.

Zweite Auflage.

Straßburg.
Verlag von Karl J. Trübner.
1884.

Vorwort zur ersten Auflage.

Wenn ich nachstehend es unternommen habe, an eine Frage heranzutreten, zu deren Erörterung mir mein Beruf an sich keine genügende Veranlassung bietet, so bin ich dazu bewogen worden hauptsächlich durch die immer mehr sich mir aufdrängende Ueberzeugung, daß wir in der Ueberbürdung der Schüler in den höheren Lehranstalten einem Uebel gegenüberstehen, welches die Wohlfahrt des deutschen Volkes je länger je mehr bedroht und welches einer ebenso schleunigen als gründlichen Abhilfe dringend bedarf. Auch glaubte ich, daß gerade die Aeußerung eines Unbetheiligten für die Sache vielleicht von einigem Nutzen sein könnte. Bisher haben sich meistens nur Fachleute, Schulmänner oder Mediziner, geäußert, wodurch eine gewisse Färbung, sei es in zu günstigem, sei es in zu ungünstigem Sinne in die Sache hineingetragen wurde. Ich habe mich daher bemüht, alle Uebertreibungen zu vermeiden, da ich sehr wohl weiß, daß nur größte Sachlichkeit eine nachhaltige Wirkung ausüben kann.

Es versteht sich von selbst, daß ich nicht lauter neue Gesichtspunkte habe geltend machen können. Das war auch nicht meine Absicht. Dieselbe war vielmehr in erster Linie darauf gerichtet, die Angelegenheit einer genauen Prüfung zu unterziehen und das Ergebniß derselben in einer allgemein verständlich geschriebenen Schrift zusammenzufassen. Denn es fehlte bisher, soweit ich es habe übersehen können, an einem Schriftchen, welches den Stand der Streitfrage übersichtlich dargestellt und es dem Laien ohne umfangreiches Studium ermöglicht hätte, sich ein Urtheil zu bilden. Die meisten Abhandlungen sind zu gelehrt geschrieben, setzen zu viel Fachkenntniß voraus, sind außerdem der Mehrzahl nach in Sammelwerken zerstreut und finden daher nicht den ausgedehnten Leserkreis, der nothwendig ist, um die öffentliche Meinung zu gewinnen und gewissermaßen als Sturmbock gegen die bestehenden Uebelstände zu verwerthen. Gelingt dies nicht, so wird sicherlich Alles beim Alten bleiben.

Sollte man gewillt sein, mir die Zuständigkeit zur gründlichen Beurtheilung des vorliegenden Gegenstandes abzusprechen, so erwidere ich darauf, daß einerseits Niemandem, der die höheren Schulen besucht und ihnen Kinder anzuvertrauen hat, die Berechtigung, in einer solchen Sache mitzusprechen, bestritten werden kann, und daß anderseits meine Sachkenntniß in diesem Punkte vielleicht über das gewöhnliche Laienniveau hinausgeht. Ich darf, ohne unbescheiden zu erscheinen, wohl hier anführen, daß ich meine Kenntnisse des deutschen Volkslebens durch längeren Wohnsitz in sehr verschiedenen Theilen Deutschlands nicht unwesentlich bereichert und meinen Horizont durch zahlreiche Reisen im Ausland um ein Beträchtliches erweitert habe.

Und hiermit empfehle ich mein Schriftchen dem Wohlwollen des Publikums und der Staatsbehörden.

Straßburg im Elsaß, zu Weihnachten 1883.

Der Verfasser.

Vorwort zur zweiten Auflage.

Als ich an die Besprechung der Ueberbürdungsfrage herantrat, hegte ich den lebhaften Wunsch, das Ergebniß meiner Studien und Erfahrungen anonym erscheinen zu lassen. Da mir jedoch von kundiger Seite bemerkt wurde, daß ich auf einen nennenswerthen Erfolg meiner Bestrebungen nur dann rechnen könne, wenn ich mit meinem Namen dafür eintrete, so überwand ich die ursprünglichen Bedenken, obgleich ich mir darüber vollkommen klar war, daß ich meine Person den heftigsten Angriffen von philologischer Seite aussetzen würde. Ich tröstete mich indeß mit dem Bewußtsein, daß ich eine gute Sache verfechte, und daß wohl die große Mehrzahl der Gebildeten auf meiner Seite stehen würde. Hierin scheine ich mich nicht getäuscht zu haben. Es liegt mir selbstverständlich gänzlich fern, ein Urtheil über den Werth meines Schriftchens fällen zu wollen, aber einige Thatsachen über die Aufnahme desselben seitens der öffentlichen Meinung glaube ich doch unbeschadet der geziemenden Bescheidenheit hier registriren zu sollen.

Zunächst kann es wohl schwerlich als ein schlechtes Zeichen betrachtet werden, daß kaum zwei Wochen nach dem Erscheinen meines Schriftchens die Nothwendigkeit einer zweiten Auflage sich herausgestellt hat. Sodann glaube ich zu meinen Gunsten geltend machen zu können, daß, soweit die öffentlichen Blätter bisher meine Arbeit einer Besprechung unterzogen haben, dies in einer für mich sehr schmeichelhaften Weise geschehen ist. Ferner darf ich mit großer Genugthuung anführen, daß meine Bekannten mit verschwindenden Ausnahmen die Richtigkeit meiner Ansichten im allgemeinen anerkannt haben. Mancher Familienvater hat mir mit warmem Händedruck gedankt, daß ich den Muth gefunden hätte zur Erörterung der Frage. Seitens des Centralvereins für Körperpflege ist mir eine Zuschrift zugegangen, in welcher u. a. gesagt wird, „daß man meine Schrift sehr passend, sehr sachlich, ruhig und maßvoll geschrieben finde, und es für ein Glück halte, daß sie jetzt erschienen sei". Das Lehrercollegium einer höhern Lehranstalt hat meine Ausführungen als „meist sehr zutreffend" bezeichnet und seine Verwunderung über meine große Sachkenntniß ausgesprochen. Andere zustimmende Erklärungen muß ich leider aus Raummangel übergehen.

Die von mir vorausgesehenen Angriffe seitens der Philologen sind nicht ausgeblieben, leider aber bisher in so gehässiger Form erfolgt, daß es einem Manne, der an feinere Umgangsformen gewöhnt ist, ungemein erschwert ist, darauf gebührend zu antworten. So hat der Professor der griechischen Sprache an einer hiesigen Schule sich nicht gescheut, vor versammelter Classe zu äußern, „daß jemand, der von der ganzen Sache nichts verstehe, sich angemaßt habe, den Wegfall der griechischen Sprache vorzuschlagen; ein derartiger Unsinn sei von einem gebildeten Manne noch nicht ausgesprochen worden". Erfreulich dabei ist wenigstens, daß der Herr Professor mich noch zu den gebildeten Leuten rechnet, und was den Unsinn anlangt, so finde ich darin ausreichenden Trost, daß kein Geringerer als — der Reichskanzler Fürst v. Bismarck dasselbe wie ich verbrochen hat. Derselbe hat nämlich bereits im Jahre 1870 die Ansicht ausgesprochen, daß der griechische Sprachunterricht auf den Schulen überflüssig sei (vgl. M. Busch, Graf Bismarck und seine

Leute, Bd. 1, Seite 193). Die Aeußerung des Herrn Professors der griechischen Sprache ist jedenfalls ein schlagender Beweis für die Richtigkeit meiner S. 50 aufgestellten Behauptung, daß der Einfluß, welchen der Unterricht in der griechischen Sprache auf die allgemeine Bildung hat, bedeutend überschätzt wird. Denn ein wahrhaft Gebildeter würde sich sicherlich bei einer Aeußerung gegen einen Abwesenden einer größern Urbanität befleißigt haben. Als mildernder Umstand mag gelten, daß der Herr Professor sein Studium vielleicht mehr dem böotischen als dem attischen Dialekt zugewendet hat; daher wohl auch der Mangel an attischem Salz.

Wenn ich noch die Aeußerung eines andern Philologen erwähne, so geschieht dies hauptsächlich nur, um das gebildete Publicum auf die geradezu gefährliche, einseitige Auffassung mancher dieser Herren aufmerksam zu machen. Vor einigen Tagen erschien in einer hiesigen Zeitung zur größten Erheiterung der gebildeten Welt eine öffentliche Erklärung, worin ein Lehrer des protestantischen Gymnasiums urbi et orbi verkündet, „daß er keinen Anstand nehme, zu sagen, was gesagt werden müsse, nämlich, daß meine Broschüre eine werthlose, bedauernswerthe Publication sei, welche durch ihre aufreizende Haltung nur von schlechtem Einfluß sein könne". Das Erheiternde bei dieser Erklärung liegt besonders darin, daß dieser Lehrer ein ganz junger Mann ist, welcher erst seit kurzer Zeit die Hochschule verlassen hat, und dessen hochtrabendes Auftreten nicht im Einklange zu stehen scheint mit dem Satz: modestia est decus adolescentis. Wenn man indeß hiervon absieht, zeigt sich ein recht ernster Hintergrund. Das Bedauernswerthe und Aufreizende meiner Publication könnte doch nur darin liegen, daß ich nach sehr umfangreichen Studien und mit der größten Gewissenhaftigkeit festgestellt habe, daß von denjenigen Wehrpflichtigen, welche die höheren Schulen besucht haben, 55% zur Ableistung des Militärdienstes körperlich untauglich sind, von den übrigen Wehrpflichtigen dagegen nur 37%, daß die Zahl der Kurzsichtigen in den höheren Lehranstalten eine gradezu erschreckende ist, daß die Aerzte diesen körperlichen Rückgang ganz allgemein der übermäßigen geistigen Anstrengung und dem Mangel an Bewegung in frischer Luft zuschreiben, und daß deshalb nach meiner Ansicht eine Entlastung der Schüler im Interesse ihrer Gesundheit dringend wünschenswerth erscheint. Wie muß es doch im Kopfe dieses Philologen aussehen, wenn er hierin etwas Bedauernswerthes und Aufreizendes sieht? Wahrlich, ich meinerseits bedauere die Eltern, welche Lehrern von solchen Anschauungen ihre Kinder anvertrauen müssen.

Recht erwünscht würde es mir sein, wenn gebildete und erfahrene Schulmänner mich auf die etwa von mir begangenen Irrthümer aufmerksam machen wollten. Dabei erlaube ich mir aber die Bitte, die zu übende Kritik in eine Form zu kleiden, wie sie unter Gebildeten üblich ist, und dieselbe vorzugsweise dem ersten Theile meiner Abhandlung zuzuwenden, weil dieser so sehr die Hauptsache bildet, daß die mehr pädagogischen Erörterungen des zweiten Theils, namentlich der Vorschlag wegen Abschaffung der griechischen Sprache, für mich nur Nebensachen sind, wie ich dies bereits auf S. 56 angedeutet hatte. Es kommt mir darauf an, daß eine erhebliche Entlastung der Schüler in irgend einer Weise stattfindet, und daß die dadurch frei werdende Zeit zu Leibesübungen, Bewegung in frischer Luft u. s. w., nicht aber zum Faullenzen, Theilnahme an Schülerverbindungen, Kneipereien u. dergl. verwendet wird.

Straßburg im Elsaß, Ende Januar 1884.

Der Verfasser.

Bereits seit etwa einem halben Jahrhundert ist in Deutschland die Meinung laut geworden, daß in den höheren Lehranstalten zu große Anforderungen an die Schüler gestellt werden, daß diese letzteren in Folge dessen mit Unterrichtsstunden und geistigen Arbeiten überbürdet seien, daß dadurch die Gesundheit geschädigt werde und die geistige Spannkraft leide. Die erste ernstliche Anregung zur Erörterung dieser Frage gab Dr. Lorinser zu Oppeln in einem 1836 veröffentlichten Aufsatze: „Zum Schutze der Gesundheit in den Schulen", in welchem er die einschneidendsten Anklagen gegen die herrschende Gymnasialerziehung — Realschulen gab es damals noch verhältnißmäßig wenige — als eine sichtliche Quelle tiefer Schwäche und Entnervung gerade des edelsten Theils der deutschen Jugend erhob. Es wurden damals in Preußen hergebrachtermaßen die Schulbehörden zur eingehenden Prüfung und zum Bericht über die erhobene Anklage aufgefordert, und da diese Behörden, wie zu erwarten war, als Richter in eigener Sache die Anklage als in der Hauptsache unbegründet bezeichneten, so blieb im Wesentlichen Alles beim Alten.

Daß aber nicht Alles so war, wie es hätte sein sollen, ging mit Sicherheit daraus hervor, daß immer und immer wieder Beschwerden wegen der Ueberanstrengung der Schüler in den höheren Schulen laut wurden. Die preußische Unterrichtsverwaltung mochte doch wohl das Gefühl haben, daß etwas Wahres an der Sache sein möchte; Mitte der fünfziger Jahre nahm sie Veranlassung, dem Ueberschreiten des richtigen Maßes in der Forderung häuslicher schriftlicher Arbeiten entgegenzutreten. Das hat aber augenscheinlich so gut wie nichts geholfen. Denn es dauerte nicht lange, so machte sich bezüglich der Ueberbürdungsfrage in den weitesten Kreisen der Bevölkerung eine zum Theil sehr lebhafte Erregung geltend. Nicht nur zahlreiche Eltern, deren Unbefangenheit und Unparteilichkeit vielleicht wegen übergroßer Zärtlichkeit zu ihren Kindern hätte in Zweifel gezogen werden können, auch Aerzte, Vereine, welche die Pflege der menschlichen Gesundheit sich zur Aufgabe gemacht, Gemeinde- und Volksvertretungen erhoben ihre Stimme in Wort und Schrift und verlangten dringend nach Abhülfe. So gewaltig regte sich schließlich die öffentliche Meinung, daß die Unterrichts-Verwaltungen sich den allgemeinen Forderungen nicht ganz entziehen konnten. Die Berge kamen ins Kreisen, man glaubte bahnbrechende Reformen erwarten zu dürfen; doch was kam hervor: ein lächerliches Mäuschen.

In Preußen insbesondere bestanden die 1882 veranlaßten Reformen des höheren Schulwesens, soweit dieselben geeignet waren, der bestehenden Ueberbürdung abzuhelfen, im Wesentlichen nur darin, daß die schriftlichen Arbeiten der Abgangsprüfung eine kleine Erleichterung erfuhren, und daß in den Gymnasien der Beginn des griechischen Unterrichts von der vierten Klasse, Quarta, in die dritte, Tertia, verlegt wurde. Es soll in keiner Weise bezweifelt werden, daß die preußische Unterrichtsverwaltung nach bestem Wissen und Gewissen gehandelt hat. Allein augenscheinlich durchdrungen von der Unübertrefflichkeit des gegenwärtigen Unterrichtssystems und nicht überzeugt von der Nothwendigkeit einer ganz gehörigen Entlastung der Schüler, vermochte sie sich von dem Hergebrachten nicht genügend loszumachen. Jede Reform mußte unter diesen Umständen Flickwerk bleiben. Auch in den übrigen deutschen Staaten, in welchen nahezu der gleiche Lehrplan für die höheren Unterrichtsanstalten eingeführt ist wie in Preußen, geschah nichts, was im Stande gewesen wäre, eine wirkliche Beseitigung der gerügten Mängel herbeizuführen.

Bei dieser Sachlage war es nicht zu verwundern, daß die betheiligten Kreise der Bevölkerung ihre Forderungen nicht nur aufrecht erhielten, sondern in verstärktem Maße zur Geltung zu bringen suchten. Eine treffliche Illustration für die Berechtigung dieser Forderungen geben die in Elsaß-Lothringen in dieser Richtung hervorgetretenen Klagen. Hier war nach der Einverleibung im Großen und Ganzen der preußische Lehrplan eingeführt worden. Es fiel der einheimischen Bevölkerung bald auf, daß die Schüler der höheren Lehranstalten die gegen früher bedeutend gesteigerten Anforderungen des Unterrichts nur mit größter Mühe bewältigen konnten, daß ihre körperliche Entwicklung darunter zu leiden begann und daß namentlich auch die Zahl der Kurzsichtigen in einem ehedem ungewohnten Maße überhand nahm. Von einem ehemaligen Schüler des straßburger Lyceums ist mir mitgetheilt worden, daß zur französischen Zeit in der von etwa 40 Schülern besuchten obersten Klasse nur ein einziger Schüler so kurzsichtig gewesen, daß er sich habe einer Brille bedienen müssen, um entfernte Gegenstände zu erkennen, und daß unter den Studenten der straßburger Rechtsfacultät sich nur eine verschwindend kleine Anzahl Kurzsichtiger befunden habe. Jetzt trägt wohl fast die Hälfte der straßburger Studentenschaft Augengläser. Der Statthalter in Elsaß-Lothringen, G.-F.-M. Frhr. von Manteuffel, überzeugte sich mit gewohntem Scharfblick sehr bald, daß die Klagen zum größten Theil berechtigt waren, und daß eine Abhülfe Noth that. Er berief zu diesem Zweck eine Kommission von Aerzten, unter ihnen die Träger der besten Namen ihres besonderen Fachs. Diese sollten darüber entscheiden, welches Maß geistiger Arbeit den Schülern zugemuthet werden könnte ohne Schädigung des körperlichen und geistigen Befindens. Das Gutachten, welches die Kommission mit großer Gründlichkeit und Sachkenntniß abgab, erkannte die behauptete Ueberbürdung als vorhanden an und stellte zugleich das höchste zulässige Maß geistiger Anstrengungen für die verschiedenen Lebensalter fest. Daraufhin wurde in Elsaß-Lothringen ein neuer Lehrplan ausgearbeitet und eingeführt.

So sehr auch einerseits anerkannt werden muß, daß dadurch in mehrfacher Weise Erleichterungen geschaffen wurden, so kann doch anderseits das Gebotene nicht als ausreichend erachtet werden. Freilich legten die bestehenden Verhältnisse der elsaß-lothringischen Regierung einen gewissen Zwang auf. Denn hätte man in Elsaß-Lothringen die Anforderungen an die Schüler wesentlich herabgesetzt, so hätte das Maß der Kenntnisse nicht erreicht werden können, welches in allen deutschen Staaten gleichmäßig die Vorbedingung ist zu den verschiedenen Berufsarten und amtlichen Stellungen, sowie zum Studium auf den Hochschulen und zum einjährig-freiwilligen Dienst. Die elsaß-lothringischen Schüler würden also der Gefahr ausgesetzt gewesen sein, daß die von ihnen erworbenen Zeugnisse vom Reich und den Einzelstaaten nicht als vollgültig angesehen worden wären. Zudem besteht eine Uebereinkunft zwischen den deutschen Regierungen aus dem Jahre 1872 über eine Reihe von Grundsätzen bezüglich der Gleichwerthigkeit der Abiturientenzeugnisse, zu deren Befolgung die Einzelregierungen verpflichtet sind.

Jedenfalls verdient Herr von Manteuffel die vollste Anerkennung für sein Vorgehen, welches die Frage von Neuem in Fluß brachte. Andere deutsche Regierungen erließen ebenfalls verschiedene auf die Entlastung der Schüler hinzielende Anordnungen, ohne freilich gründliche Abhülfe zu schaffen. Der Centralverein für Körperpflege in Volk und Schule zu Düsseldorf richtete zu Ende des Jahres 1882 eine Petition an das preußische Abgeordnetenhaus dahin gehend, daß dieses die Regierung ersuchen möge, eine Kommission von Aerzten behufs Erstattung eines Gutachtens über das höhere Schulwesen Preußens einzusetzen, um auf

Grund desselben die genügenden Maßnahmen zur Verhütung einer für die gebildete Jugend Deutschlands immer drohender werdenden Gefahr des körperlichen Rückganges zu treffen. In der Begründung der Petition war bemerkt, daß ein großer Theil der Gebildeten seit vielen Jahren unter dem schmerzlichen Eindruck stehe, daß an die Schüler der höheren Lehranstalten zur Erreichung einer sogenannten „höheren allgemeinen Bildung" Anforderungen gestellt würden, welche auf die Dauer ebenso sehr die körperliche Widerstandsfähigkeit wie die geistige Frische und Willenskraft der Geschlechter bedrohten.

Dieser Petition schlossen sich aus mehr als 80 Städten die Magistrate, Kuratorien höherer Lehranstalten, Lehrerkollegien, Turn-, Bildungs-, Handwerker- und ärztliche Vereine an. Die Unterrichts-Kommission des Abgeordnetenhauses, in welcher die angeregte Frage einer eingehenden Erörterung unterzogen wurde, sprach sich in ihrer überwiegenden Mehrheit für das Vorhandensein einer die Gesundheit schädigenden Ueberbürdung aus und stellte schließlich bei dem Plenum den Antrag, die Petition der Staatsregierung mit der Maßgabe zur Berücksichtigung zu überweisen, daß die Frage, ob eine Ueberbürdung der Schüler an den höheren Lehranstalten stattfinde, und welche geeigneten Vorschläge zur Abhülfe zu machen seien, der eingehendsten Prüfung unterzogen werde. In der letzten Sitzung des Abgeordnetenhauses am 30. Juni 1883 sollte die Petition zur Berathung kommen. Allein mit Rücksicht auf die knapp bemessene Zeit war man allseitig damit einverstanden, daß die Petition von der Tagesordnung abgesetzt und einer späteren Berathung vorbehalten werde, damit die überaus wichtige Angelegenheit nicht über das Knie gebrochen werde und damit bei einer eingehenden Verhandlung alle in Betracht kommenden Gesichtspunkte gehörig geprüft werden könnten. Auch sprach man die Erwartung aus, daß bis dahin vielleicht noch weitere Mittheilungen, Erörterungen und Auseinandersetzungen erfolgen würden, die zur Förderung der Sache dienen könnten.

* * *

Schon dieser kurze Rückblick auf die geschichtliche Entwicklung der Ueberbürdungsfrage dürfte alle Einsichtigen zu der Annahme gelangen lassen, daß die vielfachen Klagen nicht aus der Luft gegriffen sein können. Denn von vornherein muß doch die Annahme als ausgeschlossen gelten, daß so viele Familienväter, Gelehrte, Vereine, Gemeinde- und Volksvertretungen ohne jeden Grund so schwere Anklagen gegen das bestehende Unterrichtssystem erheben würden, zumal wohl ein Jeder gern und willig anerkennen wird, daß den deutschen Unterrichts-Verwaltungen ein nicht geringer Antheil an dem Ruhm und der Größe des deutschen Namens namentlich in wissenschaftlicher Hinsicht zufällt. Demjenigen, der für die kleinen Erscheinungen des täglichen Lebens empfänglich ist, konnten auch ohne diese Aeußerungen der öffentlichen Meinung die hervorgetretenen Gebrechen nicht verborgen geblieben sein. Denn das ungesunde Aussehen eines recht beträchtlichen Theils unserer Gymnasiasten und Realschüler, sowie der Schülerinnen unserer höheren Töchterschulen, ihre Schlaffheit und Abgeneigtheit zu körperlichen Anstrengungen, ihre geringe Widerstandskraft gegen die Unbilden der Witterung, die beständige Zunahme des Brillen- und Kneifertragens können doch vorzugsweise nur als Folgen des Schulbesuches betrachtet werden, wenn man damit die einfache, nicht zu widerlegende Thatsache zusammenhält, daß diejenigen jungen Leute, welche nicht durch die höheren Schulen gehen (ausgenommen natürlich diejenigen, deren Beruf ein besonders ungesunder ist), ebenso wie die Schüler der höheren Lehranstalten des Auslandes, bei weitem frischer und gesünder aussehen, namentlich auch ihre normale

Sehkraft besitzen. Da indeß solche allgemeinen, nicht näher begründeten und mit Zahlen belegten Wahrnehmungen gern bestritten zu werden pflegen unter dem Hinweis auf anderweit gemachte Wahrnehmungen, und damit jeder Zweifel, als ob ich gegen Windmühlenflügel ankämpfe, beseitigt werde, will ich zunächst den Angelpunkt der ganzen Frage, nämlich das wirkliche Vorhandensein eines Rückganges des körperlichen und geistigen Befindens unserer Schüler in den höheren Lehranstalten, eingehend nachweisen.

* * *

Als **bester Maßstab** dafür, ob ein junger Mann sich einer **normalen Gesundheit** erfreut, ist sicherlich die **Tauglichkeit zum Militärdienst** zu erachten. Es galt nun bisher auf Grund einer von dem ehemaligen Direktor des preußischen Statistischen Bureaus Dr. Engel in der Statistischen Zeitschrift von 1869, S. 248, veröffentlichten Abhandlung als feststehend, daß von den zum einjährig-freiwilligen Dienst berechtigten Militärpflichtigen, also denjenigen, welche eine höhere Bildung genossen haben, 80—90% zur Ableistung der Wehrpflicht untauglich seien, von den übrigen Militärpflichtigen dagegen nur 45—50%. Diese angebliche Thatsache, welche ich in allen Erörterungen über die vorliegende Frage unangefochten wiedergefunden habe, stand so sehr im Widerspruch mit den meinerseits bezüglich der Tauglichkeit der zum einjährig-freiwilligen Dienst Berechtigten gemachten Erfahrungen, daß ich Veranlassung nahm, der Sache auf den Grund zu gehen. Da fand ich, daß in der gedachten Abhandlung für die 7 Jahre von 1862—1868 in Preußen (bezw. in Norddeutschland mit Ausnahme Sachsens) als berechtigt zum einjährig-freiwilligen Dienst (ausschließlich der damals vom Militärdienst befreiten Theologen) 127 335

Militärpflichtige, d. h. durchschnittlich jährlich 18 190, aufgeführt waren, denen nur 17 983 Militärpflichtige, d. h. durchschnittlich jährlich 2569, gegenüber standen, welche ihre Dienstpflicht als Einjährig-Freiwillige thatsächlich abgeleistet hatten, woraus sich ergab, daß nur 12,38% der zum einjährig-freiwilligen Dienst Berechtigten ihre Dienstpflicht wirklich ableisteten, dagegen 87,62% nicht. Letztere Zahl stellte demnach den Prozentsatz der Untauglichen dar. Die Zahl der in die Armee wirklich Eingetretenen erwies sich im Hinblick auf anderweite Feststellungen als richtig, dagegen erschien die Zahl der zum einjährig-freiwilligen Dienst Berechtigten sofort als unzweifelhaft viel zu hoch. Denn gegenwärtig beträgt die durchschnittliche Zahl derjenigen, welche jährlich die Berechtigung zum einjährig-freiwilligen Dienst erwerben, einschließlich der Theologen, nur 9410 Mann; sie konnten also in dem Zeitraum von 1862—1868, wo die Bevölkerung Preußens eine viel geringere war, noch dazu ausschließlich der Theologen, schlechterdings nicht nahezu das Doppelte betragen. Wie diese hohe Ziffer zu Stande gekommen, vermag ich mit Bestimmtheit nicht zu sagen, ich vermuthe jedoch dadurch, daß für jedes Jahr nicht die Zahl derjenigen angegeben wurde, welche in dem betreffenden Jahr die Berechtigung neu erhalten hatten, sondern die Gesammtzahl derjenigen, welche überhaupt in den Militärlisten als zum einjährig-freiwilligen Dienst berechtigt geführt wurden. Da nun aber diese nur zum Theil in dem Jahre sich zum Eintritt in die Armee melden, in welchem sie die Berechtigung erhalten, so ist ein großer Theil von ihnen augenscheinlich mehrmals aufgeführt worden, nämlich so lange, als bis die Betreffenden sich zum Eintritt meldeten und damit erst aus den Militärlisten gelöscht wurden.

Das preußische Unterrichts-Ministerium hat neuerdings aus Veranlassung der im Abgeordnetenhaus über die Ueberbürdungsfrage stattgehabten Verhandlungen hinsichtlich der Kriegstüchtigkeit der zum einjährig-freiwilligen

Dienst berechtigten jungen Männer für einen zur Beurtheilung der Sachlage ausreichenden Zeitraum amtliche Erhebungen angestellt, welche zu folgendem, im Reichsanzeiger vom 7. Mai 1883 veröffentlichten Ergebniß geführt haben. In dem 5jährigen Zeitraum von 1877 bis 1881 haben in der gesammten preußischen Monarchie den Berechtigungsschein für den einjährig-freiwilligen Dienst erhalten 47 051 junge Männer, und während desselben Zeitraums sind in das stehende Heer und die Marine 21 236 Einjährig-Freiwillige eingetreten. Danach würden **45,12 % der zum einjährig-freiwilligen Dienst Berechtigten zur Ableistung des Dienstes tauglich, 54,88 % dagegen untauglich sein.**

Für jedes einzelne Jahr sind allerdings die mit dem Berechtigungsschein ausgestatteten und die in den Kriegsdienst eingetretenen jungen Männer nicht durchweg dieselben Personen, da der Eintritt in den Kriegsdienst nicht immer unmittelbar auf die Erwerbung des Berechtigungsscheins folgt. Aber für die aus mehreren auf einander folgenden Jahren gezogene Summe und für das daraus zu gewinnende Ergebniß gleicht sich dieser Unterschied aus, und ohne Gefahr eines Fehlers lassen sich die Zahlen der Berechtigten und der in den Dienst Eingetretenen zur Vergleichung gegenüber stellen. Zwar würde es nicht ganz zutreffend sein, wenn man bei den sämmtlichen zum einjährig-freiwilligen Dienst Berechtigten, welche in den Kriegsdienst nicht eingetreten sind, körperliche Untauglichkeit als den Grund des Nichteintritts voraussetzen wollte. Denn da der Eintritt in den Dienst, wie oben bemerkt, nicht immer unmittelbar auf die Erwerbung des Berechtigungsscheins folgt, so führen die inzwischen eingetretenen Fälle des Todes, von Auswanderungen, erheblichen körperlichen Verletzungen, einen Abgang herbei. Derselbe ist indeß verhältnißmäßig so unbedeutend, daß er auf das gewonnene Ergebniß keinen in Betracht kommenden Einfluß auszuüben im Stande ist. Ebenso wenig kommt der Umstand in Betracht, daß zahlreiche junge Leute, welche in Preußen den Berechtigungsschein erhalten haben, ihrer Dienstpflicht in nichtpreußischen Truppentheilen der deutschen Armee genügen. Denn sicherlich sind in dem gedachten Zeitraum ungefähr gleich viel junge Leute, welche in den nichtpreußischen Staaten den Berechtigungsschein erworben haben, als Einjährig-Freiwillige in die preußischen Truppentheile eingetreten.

Anderseits darf allerdings nicht unberücksichtigt gelassen werden, daß zu den körperlich tauglichen Militärpflichtigen aus den höheren Ständen außer den Einjährig-Freiwilligen auch diejenigen zu rechnen sind, welche sich dem Offiziersberufe widmen. Allein bei der vorliegenden Berechnung scheiden zunächst alle diejenigen von ihnen aus, welche auf den Kadettenschulen ihre Ausbildung genossen haben. Zwar gehören die Kadettenschulen zu den höheren Lehranstalten, aber nicht zu denen, welchen eine Ueberbürdung des Geistes auf Kosten des Körpers zur Last zu legen ist, da nur Vormittags Unterrichtsstunden stattfinden, und fast der ganze Nachmittag den Leibesübungen gewidmet ist, womit die Nachtheile, welche die Schul- und Arbeitsstunden mit sich bringen, wieder ausgeglichen werden. Die aus den andern höheren Schulen zur Offizierslaufbahn Uebertretenden, etwa 300 jährlich in Preußen, sind aber nicht so zahlreich, daß sie das oben angegebene Verhältniß zwischen Tauglichen und Untauglichen erheblich alteriren könnten, um so weniger, als dieses Verhältniß deßhalb in Wirklichkeit ein ungünstigeres ist, weil erfahrungsmäßig bei zahlreichen Einjährig-Freiwilligen die bereits vor der Einstellung vorhandene Untauglichkeit erst während der Dienstzeit hervortritt und die Entlassung zur Folge hat. Der Prozentsatz dieser Personen beträgt beispielsweise nach den während des Zeitraumes von 1862 bis 1869 angestellten Ermittelungen (vergl. Statistische Zeitschrift, 9. Jahrgang, S. 255) durchschnittlich jährlich mindestens 2—3% der eingetretenen Einjährig-Freiwilligen, hebt also nahezu die durch den Hinzutritt der Offiziere bewirkte Vermehrung der Tauglichen auf.

Was demgegenüber die Tauglichkeitsverhältnisse der nicht zum einjährig-freiwilligen Dienst berechtigten Militärpflichtigen, d. h. der Militärpflichtigen ohne höhere Schulbildung betrifft, so habe ich nicht ermitteln können, auf welche Berechnung der oben erwähnte Prozentsatz von 45—50% sich gründet. In der Statistischen Zeitschrift von 1876 (statistische Correspondenz S. XVII) findet sich eine gelegentliche Bemerkung dahin gehend, daß die Zahl der dienstbrauchbaren Militärpflichtigen in Deutschland 47% betrage, was allerdings gegenüber den 45,12% Brauchbaren der zum einjährig-freiwilligen Dienst Berechtigten einen kaum in Betracht kommenden Unterschied begründen würde. Dieser Satz von 47% erscheint nun aber nach den von mir angestellten Berechnungen thatsächlich nicht zutreffend.

Eine sichere amtliche Grundlage zur Prüfung dieses Punktes bieten die alljährlich vom Reichskanzler dem Bundesrath mitgetheilten Ergebnisse des Heeresergänzungsgeschäftes, welche nach den Aushebungsbezirken der einzelnen Armeecorps und der hessischen Division zusammengestellt sind. Danach ist in den Aushebungsbezirken der 11 preußischen Armeecorps (ausschließlich der hessischen Division), also im gesammten preußischen Staate, innerhalb des 5jährigen Zeitraums von 1877 bis 1881 über 1 390 668 Militärpflichtige (ohne die Einjährig-Freiwilligen) eine endgültige Entscheidung seitens der Ersatzbehörden getroffen worden. Von diesen sind 464 161 ausgehoben worden, 57 605 überzählig geblieben, 68 320 als 3- und 4jährig-Freiwillige eingetreten, 272 282 der Ersatz-Reserve erster Klasse, 245 865 der Ersatz-Reserve zweiter Klasse, 1719 der Seewehr II zugewiesen und endlich 280 716 als untauglich ausgemustert worden. Da nun der Ersatz-Reserve zu einem Theil völlig taugliche, zum andern Theil zeitig dienstunbrauchbare und solche mit geringen körperlichen Fehlern behaftete Personen zugetheilt werden, welche, wenn sie zum einjährig-freiwilligen Dienst berechtigt wären, meist eingestellt werden würden, so ist mit größter Bestimmtheit anzunehmen, daß wenigstens die Ersatz-Reservisten erster Klasse eine solche militärische Tauglichkeit besitzen, wie sie bei den Einjährig-Freiwilligen als Bedingung zum Eintritt in das Heer thatsächlich vorausgesetzt wird; dies um so mehr, als nach § 13 Nr. 5 der Wehrordnung die Ersatz-Reserve erster Klasse zur Ergänzung des Heeres bei Mobilmachungen und zur Bildung von Ersatz-Truppentheilen dient, also jedenfalls aus Wehrpflichtigen gebildet sein muß, welche kriegstüchtig sind.

Diese Annahme ist mir von sehr zuständiger Seite als durchaus richtig bestätigt worden. Es wurde dabei bemerkt, daß man sogar noch weiter gehen und auch einen Theil der Ersatz-Reservisten zweiter Klasse als zum einjährig-freiwilligen Dienst tauglich bezeichnen könnte. Allein ich möchte unter allen Umständen sicher gehen und füge hier noch bei, daß unter den zum einjährig-freiwilligen Dienst Berechtigten eine ziemliche Anzahl von Aerzten und Apothekern sich befindet, bei welchen die Anforderungen an die körperliche Tauglichkeit sehr ermäßigt sind, und daß auch bei der Untersuchung der übrigen Berechtigten bei weitem nicht so streng wie bei den andern Militärpflichtigen verfahren wird, indem nach § 94 Nr. 5 der Wehrordnung an die Einjährig-Freiwilligen die „zulässig geringsten Anforderungen an die Körperbeschaffenheit" gestellt werden, so daß eine Ueberweisung Einjährig-Freiwilliger an die Ersatz-Reserve erster Klasse nur äußerst selten stattfindet.

Hiernach müssen von den oben aufgeführten 1 390 668 Militärpflichtigen als tauglich bezeichnet werden: die 464 161 Ausgehobenen, die 57 605 überzählig Gebliebenen, die 68 320 freiwillig Eingetretenen, sowie die 272 282 Ersatz-Reservisten erster Klasse, zusammen 862 368; als untauglich dagegen die 245 865 Ersatz-Reservisten zweiter Klasse, die 1719 der Seewehr II Ueberwiesenen und die 280 716 als dienstunbrauchbar Ausgemusterten, zusammen 528 300. **Von hundert nicht zum einjährig-freiwilligen Dienst berechtigten Militärpflichtigen sind also in Preußen 62,02 tauglich, 37,98 untauglich.** Noch günstiger gestaltet sich das Verhältniß, wenn man die Ergebnisse des Ersatzgeschäftes für ganz **Deutschland** in Rücksicht zieht. In den acht Jahren von 1875—1882 sind nach den vorstehend entwickelten Grundsätzen von 3 158 777 nicht zum einjährig-freiwilligen Dienst berechtigten Militärpflichtigen 1 994 631 = **63,15**% für tauglich zum Militärdienst, 1 164 146 = **36,85**% dagegen für untauglich erklärt worden, gegenüber den 45,12% Tauglichen bezw. 54,88% Untauglichen der Einjährig-Freiwilligen ein recht bemerkenswerthes Resultat.

Um keine Mißverständnisse aufkommen zu lassen, will ich für die Kenner der hierbei in Betracht kommenden Verhältnisse noch bemerken, daß ich die in den einzelnen Jahren zurückgestellten Militärpflichtigen selbstverständlich außer Berücksichtigung gelassen habe, weil diese in den folgenden zwei Jahren unter denjenigen wieder erscheinen, über deren körperliche Tauglichkeit endgültig entschieden wird, welche also entweder für tauglich oder für untauglich erklärt werden.

Man könnte einwenden, daß deßhalb ein günstigeres Ergebniß für die nicht zum einjährig-freiwilligen Dienst Berechtigten sich ergebe, weil über deren Tauglichkeit zum großen Theil erst im 21. oder 22. Lebensjahre Entscheidung getroffen werde, d. h. in einem Alter, in welchem der Körper sich kräftiger entwickelt habe. Dieser Einwand ist jedoch nicht stichhaltig. Denn melden sich wohl auch verhältnißmäßig mehr Einjährig-Freiwillige im 20. Lebensjahre zum Eintritt in die Armee, als über andere Militärpflichtige in demselben Lebensalter eine endgültige Entscheidung getroffen wird, so muß doch anderseits berücksichtigt werden, daß die zwanzigjährigen Einjährig-Freiwilligen in Voraussicht ihrer späteren Kräftigung auch dann angenommen zu werden pflegen, wenn ihre körperliche Entwicklung bei andern Militärpflichtigen zur Zurückstellung geführt haben würde.

Wenn ich ferner oben die Einjährig-Freiwilligen als diejenigen Militärpflichtigen bezeichnete, welche höhere Schulen besucht haben, so scheint dies insofern nicht ganz zuzutreffen, als unter ihnen zahlreiche junge Leute sind, welche die Berechtigung zum einjährig-freiwilligen Dienst durch eine besondere Prüfung erworben haben, unter den oben angeführten 47 054, welche in Preußen von 1877—1881 die Berechtigung erworben haben, beispielsweise 2592. Hierbei muß jedoch berücksichtigt werden, daß diese der überwiegenden Mehrzahl nach früher die höheren Schulen besucht haben und dann wohl meist noch auf sogen. Pressen vorbereitet worden sind, also im Großen und Ganzen auch die Schulluft genügend gekostet haben. Höchst lehrreich würde es jedenfalls sein, wenn man feststellen wollte, welcher Prozentsatz von den Abiturienten der Gymnasien und Realschulen zum Militärdienst untauglich ist. Da würde wohl die Ziffer von 54,88% noch überschritten werden. Leider fehlt mir das Material, um eine solche Feststellung vorzunehmen.

Wenn man zur Erklärung des großen Prozentsatzes der untauglichen Einjährig-Freiwilligen geltend zu machen sucht, daß viele Eltern gerade die schwächlichen Söhne zum Studium bestimmen, so ist dies ohne jede Bedeutung für die genannten Zahlen. Denn diejenigen Eltern, welche den einen Sohn studiren lassen, werden fast ausnahmslos die andern Söhne wenigstens zum Einjährig-Freiwilligen heranbilden lassen, so daß also bei den obigen Ziffern auch die kräftigeren Söhne berücksichtigt sind.

Wenn man erwägt, daß die bezüglich der Tauglichkeit und Untauglichkeit angeführten Ziffern durchaus zuverlässig sind, weil die Voraussetzungen der zeitigen und dauernden Unbrauchbarkeit der Militärpflichtigen durch die Rekrutirungsordnung in der detaillirtesten Weise bestimmt sind, so daß jede Willkür des die körperliche Untersuchung des Militärpflichtigen vornehmenden Arztes ausgeschlossen erscheint, **so muß mit einer an Bestimmtheit grenzenden Wahrscheinlichkeit angenommen werden, daß von hundert jungen Leuten, welche die höheren Schulen besucht haben, jedesmal nahezu 55, also mehr als die Hälfte zum Militärdienst körperlich untauglich sind, von den übrigen jungen Leuten dagegen nur etwa 37.** Da nun aber, wie oben angedeutet worden ist und nicht näher ausgeführt zu werden braucht, die Tauglichkeit zum Militärdienst als Prüfstein für das normale körperliche Befinden eines jungen Mannes gelten muß, so folgt aus dem Erörterten unerbittlich, daß von **hundert Personen, welche die höheren Lehranstalten besucht haben, mindestens 18** (55 weniger 37) **einen solchen Schaden an ihrer Gesundheit erleiden, daß sie zum Militärdienst unbrauchbar, also recht erheblich an ihrer Gesundheit geschädigt werden.**

Dabei wird aber vorausgesetzt, daß die jungen Leute aus den besseren Ständen — denn aus diesen gehen fast ausschließlich die Einjährig-Freiwilligen hervor — von Haus aus dieselbe körperliche Konstitution besitzen, wie die jungen Leute aus den ärmeren Klassen. Es muß indeß doch wohl mit Sicherheit angenommen werden, daß erstere, da sie in gesünderen Wohnungen, bei besserer Pflege und kräftigerer Kost aufwachsen und nicht der körperzerrüttenden Fabrikarbeit sowie andern ungesunden Beschäftigungsarten ausgesetzt sind, ursprünglich im Durchschnitt kräftiger sind, wie die letzteren. Daß insbesondere durch die Fabrikarbeit Tausende von jungen Männern der unteren Klassen zum Militärdienst untauglich werden, ergibt sich daraus, daß die Fabrikdistrikte bekanntlich den auf sie fallenden Antheil an tauglichen Rekruten nicht aufbringen können, während die übrigen Distrikte beträchtliche Ueberschüsse aufweisen. Nach einer von mir angestellten überschlägigen Berechnung würde, wenn man nur die Nichtfabrikbevölkerung in Betracht zieht, der für die Untauglichen ermittelte Prozentsatz von 36,85 in Deutschland auf etwa 34 sich ermäßigen. Der Schaden, den die Schulzeit bei den jungen Leuten der höheren Stände anrichtet, wird also aller Wahrscheinlichkeit nach noch weit größer sein, als oben angegeben.

* *
*

Dazu tritt nun aber eine andere, statistisch nachweisbare Thatsache, welche geeignet ist, das gewonnene Ergebniß in einem **noch viel düsteren Lichte** erscheinen zu lassen. Unter den Einjährig-Freiwilligen befindet sich nämlich eine große Anzahl **Kurzsichtiger,** welche ebenfalls zu denjenigen gerechnet werden müssen, die an ihrer Gesundheit Schaden gelitten haben. Denn Kurzsichtigkeit ist ein Gebrechen gerade des edelsten Theils des Körpers, ein Gebrechen, dessen Unannehmlichkeit und störender Einfluß weiter unten näher nachgewiesen werden wird. Die Zahl der Kurzsichtigen beträgt beispielsweise unter den Einjährig-Freiwilligen mehrerer Truppentheile, bei welchen ich privatim habe Ermittelungen anstellen können, nahezu die Hälfte. Da diese Truppentheile jedoch in Universitätsstädten liegen, so soll angenommen werden, daß die allgemeine Durchschnittsziffer $^1/_4 = 25\%$ nicht übersteigt; erreicht wird dieselbe jedenfalls; wobei noch hinzugefügt werden mag, daß die Kurzsichtigkeit nur dann zum Eintritt in die Armee untauglich macht, wenn der Fernpunktsabstand auf dem besseren Auge 0,15 Meter oder weniger beträgt, was einen sehr bedeutenden, bei jungen Leuten selten vorkommenden Grad der Kurzsichtigkeit voraussetzt, wie ihm etwa die Nummer 6 der concaven Brillengläser entspricht. Da es nun festgestelltermaßen unter den Nichteinjährig-Freiwilligen fast gar keine, oder verhältnißmäßig sehr wenige

Kurzsichtige giebt, so müssen von den obigen 45,12% tauglichen Einjährig-Freiwilligen noch 1/4 = 11 30% als durch Kurzsichtigkeit körperlich gebrechlich abgezogen werden, **so daß als völlig körperlich gesund nur 33,82% = 1/3 der durch die höheren Schulen Gegangenen bezeichnet werden können.** Dabei muß indeß sofort bemerkt werden, daß nicht die übrigen 66,18% lediglich in Folge des Schulbesuchs an ihrer Körperbeschaffenheit Schaden erleiden, weil viele Schüler bereits mit einem vom Militärdienst befreienden Gebrechen zur Schule kommen. Vielmehr kann mit Zuverlässigkeit nur die Differenz zwischen dem Prozentsatz der untauglichen Nicht-Einjährig-Freiwilligen (37) und dem Prozentsatz der untauglichen und kurzsichtigen Einjährig-Freiwilligen (66) = **29 als der Prozentsatz der durch den Schulbesuch an der Gesundheit geschädigten Schüler der höheren Schulen bezeichnet werden.**

Dieses Endergebniß erschien mir anfangs als ein so auffallendes, geradezu erschreckendes, daß ich bestimmt glaubte, ich müsse mich in meinen Berechnungen geirrt haben. Ich unterzog dieselben einer erneuten sorgfältigen Prüfung, stellte nach den einzelnen in Betracht kommenden Thatsachen alle mir zu Gebote stehenden Nachforschungen an, gelangte jedoch zu demselben Resultate. An den vorstehenden Zahlen läßt sich daher nicht wohl drehen und deuteln.

Daß ich insbesondere in der Annahme des Prozentsatzes der Kurzsichtigen unter den Einjährig-Freiwilligen nicht zu hoch gegriffen habe, daß dieser Prozentsatz höchst wahrscheinlich größer als 25 (= 1/4) ist, ergiebt sich aus Nachstehendem. Ein Jeder, der nicht geradezu blind für die Außenwelt ist, wird die außerordentliche Anzahl von Brillen- und Kneiferträgern unter den Studirten bemerkt haben; dieselbe beträgt nach meinen Wahrnehmungen mehr als die Hälfte. Dies wird erst zu einer ganz besonders auffallenden Erscheinung, wenn man außerhalb Deutschlands gereist ist und gesehen hat, wie wenige Träger von Augengläsern es daselbst giebt.

Da diese Erscheinung vernünftigen, für das Gemeinwohl besorgten Männern zu denken gab, so sind in Deutschland vielfache statistische Erhebungen in dieser Richtung vorgenommen worden. Das Hauptverdienst hierfür gebührt dem Prof. Cohn in Breslau, welcher 1866 und 1867 Tausende von Schülern auf ihre Sehkraft und Sehschärfe untersuchte. Derselbe gelangte zu dem traurigen Ergebniß, daß der mittlere Prozentsatz der Kurzsichtigen auf deutschen Gymnasien etwa 36, in den beiden oberen Klassen aber **52 und 55,80** beträgt. Unter den Studenten hat Prof. Cohn **60%** Kurzsichtige ermittelt. Auch durch zahlreiche Erhebungen anderer Augenärzte ist festgestellt, daß die Kurzsichtigkeit in unseren höheren Schulen von Klasse zu Klasse zunimmt, bis sie in den obersten Klassen eine solche Verbreitung gewinnt, daß in einzelnen Schulen nahezu **80%** der Schüler kurzsichtig sind. Die Untersuchungen haben sich so ziemlich auf alle Gegenden Deutschlands erstreckt und im Allgemeinen dasselbe ungünstige Ergebniß zu Tage gefördert. In der Gelehrtenschule des Johanneums zu Hamburg z. B. wächst die Zahl der Kurzsichtigen von 14,69% in der untersten Klasse (Sexta) bis 61,16% in der obersten Klasse (Prima). In Stuttgart wurden an Kurzsichtigen ermittelt am Gymnasium: in der untersten Klasse 20%, in der obersten 75%, am Realgymnasium: 25 bezw. 78%; in Magdeburg an dem einen Gymnasium 23 bezw. 70%; an dem andern Gymnasium 23 bezw. 75%. Im Großherzogthum Hessen ist nach dem Gutachten des ärztlichen Centralausschusses die Hälfte der Schüler in den höheren Unterrichtsanstalten kurzsichtig, und in den oberen Klassen nimmt die Kurzsichtigkeit in erschreckenden Verhältnissen zu.

Im Hinblick auf diese festgestellten Thatsachen läßt sich der Prozentsatz der Kurzsichtigen unter den Einjährig-Freiwilligen sogar ziffermäßig mit ziemlicher Bestimmtheit nachweisen. Unter den 21 236 Einjährig-Freiwilligen aus den Jahren 1877—1881 befanden sich nämlich 5539 Studenten einschließlich der Mediziner, 1992 Gymnasiasten und Schüler, 2616 Beamte, 448 Pharmazeuten und Roßärzte, 10 403 Gewerbetreibende, Landwirthe und Künstler, 87 Seeleute und 151 ohne Angabe des Standes. Bezüglich der Studenten ist der Prozentsatz der Kurzsichtigen auf 60 festgestellt worden. Hinsichtlich der Gymnasiasten und sonstigen Schüler muß angenommen werden, daß sie wenigstens die Sekunda besucht haben, in welcher der Prozentsatz der Kurzsichtigen 52 beträgt. Die Beamten werden zum überwiegenden Theil Studirte (Referendare u. dgl.), jedenfalls aber solche Personen sein, welche mindestens die Sekunda des Gymnasiums besucht haben; der muthmaßliche Prozentsatz an Kurzsichtigen unter ihnen wird daher ebenfalls auf wenigstens 52 anzunehmen sein. Unter den Gewerbetreibenden, Landwirthen und Künstlern werden viele sein, welche die höheren Schulen ganz durchgemacht haben; die große Mehrheit von ihnen wird aber unzweifelhaft ein Jahr in der Sekunda gesessen haben, um die Berechtigung zum einjährig-freiwilligen Dienst zu erlangen. Es soll gleichwohl angenommen werden, daß bei ihnen die Kurzsichtigkeit nur in dem Maße verbreitet ist, wie in den mittleren Klassen der höheren Schulen = 36%. Derselbe Prozentsatz mag bezüglich der Pharmazeuten und Roßärzte gelten. Unter Berücksichtigung dieser Momente gelangt man zu dem Resultat, daß die Zahl der Kurzsichtigen unter den 21 236 Einjährig-Freiwilligen höchst wahrscheinlich etwa 9524 = 44,84% beträgt. Wenn ich diese Ziffer auf 25% ermäßigt habe, so werde ich damit unzweifelhaft nicht zu hoch gegriffen und dabei zugleich den Umstand genügend berücksichtigt haben, daß doch einzelne zum einjährig-freiwilligen Dienst Berechtigte lediglich wegen Kurzsichtigkeit für untauglich erklärt werden, und daß die kräftigeren, an sich zum Militärdienst tauglicheren Personen vielleicht in geringerem Maße kurzsichtig sein dürften, als die körperlich schwächeren.

Wie man diesen unbestreitbaren Thatsachen gegenüber die Hände in den Schoß legen und der Weiterentwicklung dieser traurigen Verhältnisse müßig zusehen kann, ist geradezu unbegreiflich. Denn höchst wahrscheinlich ist die Kurzsichtigkeit an den höheren Schulen noch in der Zunahme begriffen. Wenn ich nämlich die mir bekannt gewordenen Ergebnisse der in den letzten vier Jahren an deutschen Gymnasien und Realschulen vorgenommenen Augenuntersuchungen zusammenstelle, so gelange ich zu einem mittleren Prozentsatze von etwa 40, was gegenüber den vor 12—15 Jahren stattgehabten Ermittelungen eine Zunahme von ungefähr 4% bedeutet. Der Prozentsatz in den obersten Klassen steigt sogar auf nahezu 60.

Aus dem Gesagten ergiebt sich mit Bestimmtheit, daß die Kurzsichtigkeit während der Schulzeit unaufhaltsam steigt, zugleich aber auch, wie die Augenärzte ferner festgestellt haben, der Grad derselben. Die Hauptursache dieser Erscheinung kann also nach vernünftigem Ermessen nur in der Thatsache des Schulbesuches selbst gefunden werden. Diese Annahme wird zur Gewißheit durch das unumstößliche Faktum, daß in Deutschland die Kurzsichtigkeit unter denen, welche die höheren Schulen nicht besucht haben, verhältnißmäßig äußerst selten vorkommt. Ich erinnere mich aus meiner Schulzeit ganz genau, daß in der von mir besuchten Dorfschule unter etwa 100 Schülern nur ein einziger Kurzsichtiger war. Und in der That haben die Untersuchungen Cohns das überraschende Resultat geliefert, daß die Zahl der eigentlichen Kurzsichtigen in den Dorfschulen nur 1,40% beträgt. Auf meine Veranlassung sind in drei verschiedenen Dorfschulen der Provinz Sachsen die Schulkinder auf das etwaige Vorhandensein der Kurzsichtigkeit untersucht worden. Da stellte sich heraus, daß unter den 322 Schulkindern nur 3 = 0,93% mit diesem Uebel behaftet waren. Dieser Prozentsatz würde zwar sicherlich ein größerer sein, wenn die Schulpflichtigkeit der Dorfschüler bis zum neunzehnten oder zwanzigsten Lebensjahre ginge, anstatt wie jetzt bis zum vierzehnten. Der für die höheren Schulen ermittelte Prozentsatz würde aber auch in diesem Falle unzweifelhaft nicht einmal annähernd erreicht werden, weil schon in den drei untersten Klassen der Gymnasien, deren Insassen gleich den Elementarschülern das vierzehnte Lebensjahr nicht überschritten haben, etwa durchschnittlich 27% Kurzsichtige vorhanden sind. Der Grund des stärkeren Prozentsatzes Kurzsichtiger an den höheren Schulen kann also nur in der an diesen stattfindenden Ueberanstrengung der Augen liegen.

* * *

Damit komme ich zu der Frage, in wie fern die höheren Schulen die Veranlassung zu der Kurzsichtigkeit sind. Nach der unbestrittenen Ansicht der Aerzte liegt der Grund dieses Gebrechens darin, daß das Auge zu lange andauernden und zu starken Akkomodations-Anstrengungen ausgesetzt wird. Die Verantwortlichkeit hierfür fällt deßhalb hauptsächlich der Schule zur Last, weil die Zahl der Unterrichts- und häuslichen Arbeitsstunden, während welcher das Auge fast fortwährend Schrift zu fixiren gezwungen ist und nicht durch längeres Sehen in die Ferne genügend entspannt wird, eine viel zu große ist, und weil die Schüler bei der durchaus unzureichenden Beleuchtung der meisten Schulzimmer, namentlich im Winter und während des Zwielichtes, bei der fehlerhaften Beschaffenheit der Schulbänke, sowie bei der kleinen Druckschrift vieler Schulbücher gezwungen oder doch veranlaßt sind, sich dem zu erkennenden Gegenstande über Gebühr mit dem Auge zu nähern.

In hohem Maße beklagenswerth, ja kaum glaublich ist es, daß seitens der Schule bisher so gut wie nichts geschehen ist, um die Schüler auf die hohe Bedeutung des edelsten Sinnes, sowie auf die Nachtheile der Kurzsichtigkeit aufmerksam zu machen und sie zur Schonung der Augen aufzufordern oder geradezu anzuhalten. Die Lehrer werden freilich in ihrem Beruf durch Kurzsichtigkeit kaum gestört, da diese beim Lesen und Schreiben wenig hindert und beim Sehen in die Ferne durch Gläser wettgemacht werden kann. Auch in andern Kreisen der Gebildeten ist man unbegreiflicherweise geneigt, der Frage der Kurzsichtigkeit wenig Bedeutung beizumessen. Es scheint mir daher geboten, noch ein Wort über diesen Punkt zu sagen.

Es mag zugegeben werden, daß die Kurzsichtigkeit in der Mehrzahl der Fälle auf das allgemeine körperliche Befinden keinen nachtheiligen Einfluß ausübt, daß sie auch in den meisten Berufsgeschäften gar nicht oder nur wenig stört und daher auch im Allgemeinen kaum als ein körperliches Gebrechen angesehen und empfunden wird. Indeß steht in Folge neuerer Untersuchungen berühmter Physiologen und Augenärzte fest, daß die Kurzsichtigkeit bei einem bestimmten Entwicklungsgrade nicht mehr zu hemmen ist, sondern aus sich selbst heraus einen weiteren progressiven Verlauf nimmt, daß sich ferner zu der Kurzsichtigkeit in der Regel auch eine Abnahme der Sehschärfe um durchschnittlich ein Drittel gesellt, und daß in zahlreichen Fällen viele schwere Störungen daraus hervorgehen, welche bis zu völliger Erblindung führen können; namentlich sind die hochgradig kurzsichtigen Augen schweren und gefahrdrohenden Zufällen ausgesetzt, denen ein erheblicher Theil in der That anheimfällt. Ist daher schon von diesem Gesichtspunkt aus die Kurzsichtigkeit als ein nicht unbedenkliches Uebel aufzufassen, so lassen andere Erwägungen dieselbe geradezu als eine *öffentliche Kalamität* erscheinen.

Ich will zunächst kein besonderes Gewicht legen auf die große *Unbequemlichkeit* und *Unannehmlichkeit*, welche das Gläsertragen bei plötzlichem Temperaturwechsel, bei großer Wärme und Kälte, bei Schnee und Regen schon unter gewöhnlichen Verhältnissen mit sich bringt. Ich will auch ganz absehen davon, daß eine Brille oder ein Kneifer, namentlich bei Frauen, keineswegs zur Verschönerung beiträgt, was

Manche thörichterweise anzunehmen scheinen. Das glaube ich aber doch betonen zu sollen, daß Kurzsichtigkeit unter Umständen auch recht unglückliche Folgen nach sich ziehen kann. Auf Jagden beispielsweise hat schon mancher Schütze wegen Kurzsichtigkeit Unheil angerichtet und mehrfache Fälle sind bekannt, daß Bergsteiger lediglich in Folge ihrer Kurzsichtigkeit durch Fehltritte verunglückt sind. Wer nicht selbst kurzsichtig ist, kann sich freilich hiervon wohl keine rechte Vorstellung machen.

Weit schlimmer aber als alles dies ist der Umstand, daß den Kurzsichtigen verschiedene Berufsarten theils ganz, theils wenigstens in gewissem Umfange verschlossen sind, und daß ihnen in andern Berufsarten gerade wegen ihrer Kurzsichtigkeit die größten Unbequemlichkeiten und Widerwärtigkeiten erwachsen. So sind Kurzsichtige für den Seemannsberuf gänzlich untauglich; auch im äußeren Dienst der Eisenbahnen, sowie in der unteren Forstcarriere werden nur Normalsichtige angestellt. Früher fanden Kurzsichtige auch als Avantageure namentlich bei der Artillerie und den Pionieren keinen Zutritt. Gegenwärtig ist dies allerdings der Fall, weil andernfalls das Offiziercorps nicht genügend ergänzt werden könnte.

Wenn die Kurzsichtigkeit in gleichem Umfange wie bisher in Deutschland überhand nimmt, so erscheint dadurch sogar die **Wehrhaftigkeit** unseres Volkes in nicht geringem Maße **gefährdet.** Denn darüber kann doch Niemand im Zweifel sein, daß ein mit Kurzsichtigkeit behafteter Soldat eine Treffsicherheit überhaupt nicht besitzt. Dem läßt sich allerdings durch Augengläser in weitgehender Weise abhelfen, allein bei Regenwetter und beim Transpiriren des Körpers ist die Abhülfe nahezu gleich Null, weil die Feuchtigkeit sich an die Brillengläser setzt und das Sehen fast unmöglich macht. Eine Armee, in welcher sich ein bedeutender Bruchtheil Kurzsichtiger befindet, wird einer andern Armee gegenüber, in welcher dies nicht der Fall ist, im größten Nachtheil sein, namentlich in einer Schlacht, welche bei Regen- und Schneewetter geschlagen wird. Wie leicht kann überdies ein Soldat seine Brille liegen lassen oder zerbrechen, und dann kommt er fast nur noch im Handgemenge in Betracht. Bei der modernen Taktik spielt indeß das Handgemenge eine geringe Rolle; von ausschlaggebender Bedeutung ist die Treffsicherheit. Ein Kurzsichtiger vermag aber bei einem mittleren Grade der Kurzsichtigkeit auf eine Entfernung von 300 Meter einen Menschen nicht mehr mit Sicherheit auf das Korn zu nehmen, und doch beginnt die Trefffähigkeit des Mausergewehres bereits mit 1600 Meter. Darauf will ich nur nebenbei hinweisen, daß unter Umständen durch einen mit Kurzsichtigkeit behafteten Vorposten oder einen mit Ueberbringung wichtiger Befehle betrauten Adjutanten, der sich wegen seiner Kurzsichtigkeit nicht zurecht findet, recht wohl größeres Unheil angerichtet werden könnte. Von mehreren kurzsichtigen Personen, welche den deutsch-französischen Krieg mitgemacht haben, ist mir auf meine Anfrage bestätigt worden, daß die Kurzsichtigkeit von ihnen in mehrfachen Lagen höchst störend empfunden worden sei.

Am grünen Tisch und im Studirzimmer mag man über diese anscheinend geringfügigen Punkte lächeln und mich bezüchtigen, daß ich aus der Mücke einen Elephanten mache. Allein wenn man es über sich gewinnen wollte, ein wenig in die Praxis des Lebens hinabzusteigen, so wird man meine Behauptungen voll und ganz bestätigt finden.

Man hat behauptet, daß die Kurzsichtigkeit erblich sei, und daß dieselbe hauptsächlich auf die Erblichkeit und nicht auf die Schule zurückgeführt werden müsse. Dabei frägt man unwillkührlich, woher hat sie denn derjenige, welcher sie vererbt? Denn von Urbeginn an sind die Augen des Menschen unzweifelhaft normalsichtig gewesen. Die Kurzsichtigkeit hat erst, wie von älteren Leuten bestätigt wird, in den letzten Jahrzehnten, und zwar fast lediglich bei den Besuchern höherer Schulen, einen bedrohlichen Umfang angenommen, ist also ursprünglich nicht von den Vorfahren ererbt worden. Auch jetzt ist sie noch nach Ansicht der meisten Sachverständigen in der Mehrzahl der Fälle ein anerzogenes Gebrechen. Aber es steht auch fest, daß die Erblichkeit eine nicht unerhebliche Rolle spielt. Prof. Dor in Bern hat unter 42 kurzsichtigen Schülern der dortigen Realschule bei 25 die direkte Erblichkeit nachgewiesen, und die bei 413 kurzsichtigen Schülern des Johanneums in Hamburg angestellten Nachforschungen haben ergeben, daß 64% derselben entweder einen kurzsichtigen Vater oder eine kurzsichtige Mutter oder Beides hatten. Hieraus darf freilich nicht der Schluß gezogen werden, daß bei den sämmtlichen 64% die Kurzsichtigkeit ererbt war, weil anderseits erwiesen ist, daß kurzsichtige Eltern häufig normalsichtige Kinder haben; allein in gewissem Umfange scheint sie doch übertragbar zu sein. Nimmt man dies in Uebereinstimmung mit verschiedenen Sachverständigen an, so muß um so mehr dem weiteren Umsichgreifen des Uebels entgegengetreten werden, damit es nicht unausrottbar wird und schließlich die ganze Nation ergreift. Es ist daher sofort Alles aufzubieten, um die Augen des heranwachsenden Geschlechts zu schützen.

Wir befinden uns anderen Völkern gegenüber in diesem Punkte bereits in bedeutendem Nachtheil; in keinem einzigen Lande, vielleicht mit Ausnahme von Deutsch-Oesterreich und der Schweiz, herrscht, wie oben bereits angedeutet, die Kurzsichtigkeit in gleich schlimmem Maße als bei uns. In den höheren Schulen verschiedener Städte Amerikas hat die Untersuchung der Schüler nicht ganz 20%, auf dem Gymnasium zu Lyon 22% und in den höheren Klassen der Pariser Gymnasien nur 14--16% Kurzsichtiger ergeben. Es ist allerdings zuzugeben, daß in außerdeutschen Ländern noch zu wenig Augenuntersuchungen stattgefunden haben, um über die Verbreitung der Kurzsichtigkeit daselbst ein abschließendes Urtheil zu gewinnen. Allein wer z. B. in England, Frankreich, Italien, Spanien gereist ist und nur ein wenig Interesse für solche Sachen hat, wird mir darin unbedingt Recht geben müssen, daß das Gläsertragen auch unter den **Gebildeten nicht entfernt so verbreitet ist, wie in Deutschland**, und in der Regel wird doch jeder Kurzsichtige sich eines Glases zum Bessersehen bedienen. Es war mir vor einigen Jahren Gelegenheit geboten, einer von vielleicht 100 Studenten besuchten Vorlesung an einer spanischen Universität beizuwohnen. Da habe ich wahrgenommen, daß nur verschwindend wenig Studenten sich eines Augenglases bedienten, um den von dem Dozenten vorgenommenen Experimenten zu folgen. Die meisten gebildeten Reisenden aus Deutschland werden freilich auf solche „Nebenpunkte" nicht geachtet haben; ihr Studium wendet sich hauptsächlich den Kunstschätzen und der Table d'hôte zu.

* * *

Kurzsichtigkeit ist nun aber durchaus nicht das einzige Gebrechen und körperliche Unwohlsein, welches die Schulzeit erzeugt. Von denselben ist noch am wenigsten schlimm, wenngleich die Lebensfreude erheblich störend, der **Kopfschmerz**, welcher sich bei so vielen Schülern zeigt und dieselben unlustig oder ganz unfähig zu geistiger Arbeit macht; ferner die Neigung zum **Nasenbluten**. Daß namentlich letztere Krankheitserscheinung ihren Ursprung aus der Schule herleitet, beweist die konstante Beobachtung, daß unbedingtes Fernhalten vom Unterricht das beste Heilmittel und zu frühe Wiederaufnahme desselben das sicherste Hervorrufungsmittel eines Rückfalles ist. In Darmstadt litten bei einer in den siebenziger Jahren vorgenommenen Untersuchung 27,30% aller Schüler an Kopfschmerz und 11,30 an Nasenbluten; in der Prima des Gymnasiums stieg der Prozentsatz der an Kopfschmerz Leidenden sogar auf 80,80%! Die meisten Aerzte sind darüber einig, daß diese Krankheitserscheinungen sehr häufig nicht ohne Einfluß bleiben auf die congestiven und nervösen Erkrankungszustände des späteren Lebens.

Bedenklicher erscheint die durch die sitzende Lebensweise der Schüler herbeigeführte Störung der Verdauungsorgane, namentlich bei skrophulösen und blutarmen Schülern, sowie die Störung der Unterleibs- und Beckenorgane. Hierdurch wird schon in frühester Jugend manches frohe Leben im Keime geknickt, welches bei genügender Bewegung in frischer Luft sich allmählich gekräftigt haben würde. Auch die immer häufiger auftretenden Hämorrhoidalleiden führen ihren Ursprung meist auf die Schulzeit zurück. Das viele Sitzen hat insbesondere auf geschlechtliche Anreizungen den übelsten Einfluß, wodurch nach ärztlicher Versicherung ein im Stillen furchtbar wucherndes Uebel entstanden sein soll. Die Gefahr der moralischen Ansteckung in diesem und ähnlichen Punkten ist gerade da am größten, wo zu erfrischender körperlicher Thätigkeit die geringste Zeit eingeräumt wird.

Auch zur Lungenschwindsucht wird viel häufiger, als man gewöhnlich denkt, bereits in der Schule der Keim gelegt. Denn die Mangelhaftigkeit der Athembewegung bei sitzender Lebensweise, der lange andauernde Aufenthalt in engen Zimmern bei verdorbener, mit Ansteckungsstoffen geschwängerter Luft erzeugt vielfach die sich am leichtesten in den Lungenspitzen bildende Lungentuberkulose. Es ist ein durch umfassende Beobachtungen und statistische Aufzeichnungen festgestellter Satz, daß in dem Maße, wie die Bevölkerung eines Distrikts zu irgend welcher gemeinschaftlichen Beschäftigung in geschlossenen Räumen hingezogen wird, in dem gleichen Maße die Lungenleiden unter den Todesursachen in einem solchen Distrikte wachsen, und zwar um so mehr, je zahlreicher die gemeinschaftlich beschäftigten Personen sind, je länger und in je engeren Räumen sie beschäftigt werden. Die in einzelnen Armeen gesammelten Erfahrungen haben beispielsweise bewiesen, daß in dem Maße, wie die Wohn- und Schlafräume der Soldaten geräumiger und mit besserem Luftwechsel ausgestattet wurden, um so mehr die Zahl der Erkrankungen an Lungenschwindsucht abnahm.

Nicht selten haben die Aerzte bei Schülern seitliche Abweichung der Wirbelsäule festgestellt, welche erwiesenermaßen unter 100 Fällen 80—90 mal während der Schulzeit entsteht und zwar durch die in Folge der Schulbänke hervorgerufene schiefe Körperhaltung. Auch die zum Siechthum führende Engbrüstigkeit, sowie die Bleichsucht und die alles frohe Leben ertödtende Nervosität leiten ihren Entstehungsgrund meist aus der Schulzeit her. Wie sehr insbesondere die Nervosität im Stande ist, nicht nur die damit Behafteten, sondern auch ihren Mitmenschen das Leben zu verbittern, wird wohl fast Jeder an sich oder seinen Bekannten erfahren haben. Bleichsucht und Nervosität sind namentlich in der Frauenwelt unserer höheren Stände zu einem leider weit verbreiteten Uebel geworden.

Die vorstehende Schilderung der als Folgen unmäßigen Schulbesuches erscheinenden Krankheitszustände ist natürlich nicht das Ergebniß meiner Untersuchungen, sondern entspricht den von zahlreichen Aerzten angestellten Forschungen. Wenn schon nicht sämmtliche Sachverständige über alle einzelnen Punkte genau derselben Ansicht sind, so kann doch behauptet werden, daß meine Darstellung die Anschauungen der überwiegenden Mehrheit zum Ausdruck bringt. Ich habe mich hauptsächlich an das Referat gehalten, welches Prof. Finkelnburg in der Versammlung des Vereins für öffentliche Gesundheitspflege im Jahre 1877 über die beregte Frage erstattet hat. Es ist bereits eine höchst umfangreiche Literatur über dieses Thema erschienen, und wenn Autoritäten wie Virchow, Pettenkofer, Finkelnburg, Baginsky und Andere sich fast übereinstimmend über den schädlichen Einfluß des jetzigen Unterrichtssystems auf die Gesundheit der Schüler aussprechen, so wird es sicherlich trotz der gegentheiligen Versicherung der Schulmänner damit seine Richtigkeit haben.

* * *

Wenn ich das bisher Gesagte nochmals kurz zusammenfasse, so steht also fest, daß etwa 66% **der Schüler der höheren Lehranstalten keine normale Körperbeschaffenheit besitzen, daß mindestens 18% lediglich in Folge des Schulbesuches an ihrer Gesundheit geschädigt werden, daß aber dieser letztere Prozentsatz, wenn man den an den Augen herbeigeführten Schaden mit in Rücksicht zieht, auf 29 und bei den Abiturienten auf etwa 55 steigt. Nur wenig mehr als ein Drittel der Schüler verläßt die Schule mit kräftig entwickeltem und normalem Körper;** es sind dies hauptsächlich die von vornherein mit unverwüstlicher Konstitution, guter geistiger Anlage, oder — großer Faulheit ausgestatteten Schüler. Den **Eltern** aus den höheren Ständen eröffnet sich damit eine **traurige Perspektive. Schicken** sie nämlich ihre **Kinder nicht** auf die höheren Schulen, so können dieselben **keine angemessene Lebensstellung** finden; **schicken** sie dieselben aber **zur Schule,** so besteht die **Gefahr,** daß sie **Schaden an der Gesundheit,** namentlich an der Sehkraft, erleiden werden.

Daß es so ist, kann freilich nicht Wunder nehmen; man braucht nur den täglichen Lebenslauf eines Schülers zu verfolgen. Kaum ist er aufgestanden, so durchfliegt er nochmals die Schulaufgaben, stürzt in Eile den Kaffee hinunter und eilt zur Schule. Hier sitzt er, zum Theil recht unbequem und meist nach vorn zusammengebeugt, 4 Stunden lang mit 3 nur kurzen Unterbrechungen in fast stets äußerst schlecht gelüfteten (siehe unten), nicht selten der nöthigen Helligkeit entbehrenden Schulzimmern mit einer im Verhältniß zum Zimmerraum viel zu großen Anzahl von Mitschülern zusammen. Während dieser Zeit ist fast beständig das Gehirn in Thätigkeit, und bekanntlich ermüdet geistige Arbeit sehr, ohne einen wahrnehmbaren Stoffwechsel und erquickenden Schlaf mit sich zu bringen. Dann gehen die

Schüler um 12 Uhr geistig und körperlich ermattet nach Hause und sehen sich genöthigt, mit einer wenig bekommlichen Hast das Mittagsessen einzunehmen, da in den meisten Familien wohl vor 1 Uhr nicht gegessen wird und der Schulunterricht bereits um 2 Uhr wieder beginnt, auch die Aufgaben nochmals durchgesehen werden wollen. Von 2 bis 4 Uhr ist wieder Unterricht in der Schule, und wenn dann die Schüler nach Hause kommen, fängt nicht etwa die Zeit der Erholung an, sondern nun gilt es, die Aufgaben für den nächsten Tag zu erledigen. Dies nimmt bei einem mittelbegabten, gewissenhaften Schüler je nach der Klasse durchschnittlich 3—5 Stunden in Anspruch, so daß im Ganzen täglich etwa 8—10 Stunden geistiger Arbeit zu bewältigen sind. Alles dies gerade in dem Alter, in welchem die für Körper, Geist und Charakter so überaus wichtige Entwicklung der Geschlechtsreife stattfindet, der Mensch sich am kräftigsten entwickelt und zu seinem Gedeihen nothwendigerweise tüchtiger Bewegung in frischer Luft bedarf; denn letzteres ist und bleibt für jedes lebende Geschöpf die Hauptbedingung des Wohlbefindens.

Zu den Schulstunden treten vielfach noch Privatstunden in Fächern, welche nicht auf der Schule gelehrt werden, wie Musik, Stenographie, Englisch u. dgl. m., so daß als einzig freie Zeit der Sonntag bleibt. Aber auch dieser wird zum Theil in Anspruch genommen durch größere Arbeiten, wie das Anfertigen von Aufsätzen, zu welchen in der Woche meist keine Zeit vorhanden ist.

Hiernach wird man es erklärlich finden, wie es kommt, daß die meisten unserer jungen Gymnasiasten und Realschüler nach jahrelanger Ertragung von wöchentlich 50—60 Sitz- und Denkstunden die Schule mit gestörter Gesundheit verlassen. Unerklärlich ist nur, daß der Staat, der doch zum Schutze der jugendlichen Fabrikarbeiter eine Menge gesundheitspolizeilicher Vorschriften erlassen, es so ganz hat verabsäumen können, den nicht minder in ihrer Gesundheit gefährdeten Schülern der höheren Unterrichtsanstalten den gleichen Schutz angedeihen zu lassen. Auf Seiten der Schulmänner klammert man sich immer noch daran, daß keine umfassende, unbedingt zuverlässige Gesundheitsstatistik der Schüler vorliege, und schlägt vor, eine solche von 5 zu 5 Jahren aufzunehmen, um daraus zu ersehen, wie es denn eigentlich mit den erhobenen Anklagen stehe. Wenn wir so lange warten wollten mit Reformen, möchte der Schaden kaum noch zu heilen sein.

Am schlimmsten ist, was in den höheren Töchterschulen und Pensionaten in gesundheitlicher Beziehung gesündigt wird. Zur Aneignung meist unnützen Gedächtnißkrames, der ebenso schnell verloren geht, als er angeeignet ist, müssen unsere künftigen Hausfrauen jahrelang übermäßig der ungesunden Schulluft ausgesetzt werden bei gänzlich ungenügender Bewegung. Selbst von pädagogischer Seite wird zugegeben, daß das zur Zeit allgemein den höheren Töchterschulen gesteckte Ziel ohne Ueberanstrengung nur erreichbar ist, wenn der Besuch dieser Schulen bis zum vollendeten 18. Lebensjahre ausgedehnt wird. Gegenwärtig aber sitzen in den obersten Klassen gewöhnlich junge Mädchen von 15, allerhöchstens 16 Jahren. In Berlin existirte früher (vielleicht auch jetzt noch) eine höhere Töchterschule, an welcher am Vormittag hintereinander 5 Unterrichtsstunden stattfanden, nur durch zwei kurze Pausen unterbrochen. Ein Spielhof und dergleichen, wo die Schülerinnen in den Zwischenpausen frische Luft hätten athmen können, war nicht vorhanden.

Diese Ueberlastung ist um so schlimmer, als die Mädchen weniger widerstandsfähig sind als die Knaben, und weil sie nach vielfachen Erfahrungen meist in ganz anderer Weise ehrgeizig und gewissenhaft sind als die Knaben, und daher noch mehr auf Kosten ihrer Gesundheit arbeiten als diese. Dressur und Etiquette hemmen überdies jedes fröhliche Treiben. Die Folge von alledem ist, daß bei so vielen jungen Damen der rosige Hauch der Wangen verschwunden ist und dafür die Bleichsucht sich eingestellt hat, diese große Plage unseres Zeitalters.

Mit banger Sorge muß unter diesen Umständen ein Vaterlandsfreund in die Zukunft blicken. **Denn die geschilderten Verhältnisse bedrohen in der That das Interesse des Staats.** Wie kann eine kräftige Nachkommenschaft entstehen, wenn das lebende Geschlecht körperlich mehr und mehr geschwächt wird? Patriotische Männer, welche sich eingehend mit der Ueberbürdungsfrage beschäftigten, haben behauptet, „daß der Staat überfluthet werde mit einem Proletariat körperlicher Schwächlinge, daß der größte Theil der schönen, bildsamen Jugendkraft auf den höheren Schulen verloren gehe, daß statt edler blühender Manneskraft die meisten Jünger der Wissenschaft von diesen Schulen durch verfrühtes und anstrengendes Sitzen über den Büchern eine schon halb geknickte Gesundheit, bleiche Wangen, blöde Augen und marklose Glieder mit in das Mannesalter hinübernehmen und daß in leider allzu vielen Fällen anstatt eines naturwüchsigen, rüstigen Jünglings eine welke Treibhauspflanze großgezogen werde". Das sind vielleicht zu harte Worte, aber viel Wahres ist unzweifelhaft darin enthalten. Wenn keine Umkehr in dem modernen Unterrichtssystem stattfindet, fallen schließlich die höheren Stände unrettbar ganz der Verweichlichung und unmännlichen Schwäche anheim. Unsere deutschen Vorfahren, welche mit der Wucht ihrer starken Leiber bei Noreja, bei Arausio und im Teutoburger Walde die kriegsgeübten Legionen der Römer zu Boden warfen, würden wohl recht erstaunte Gesichter machen, wenn sie die jetzige Schulgeneration sähen mit flacher Brust, kraftlosen Gliedern und mit der Brille auf der Nase.

Daß bei dieser Sachlage auch die geistige Beschaffenheit rückwärts gehen muß, ist lediglich eine aus dem ewig wahren Satze sich ergebende Nothwendigkeit, daß nur in einem gesunden Körper eine gesunde Seele wohnen kann. „Gesundheit", sagt Herder mit Recht, „ist der Urgrund aller unserer körperlichen Glückseligkeit.“ Von ärztlicher Seite wird sogar die schwere Anklage erhoben, daß die jetzige Unterrichtsweise die Schuld trage an mancherlei Geistesstörungen, welche oft erst in späterer Zeit als das Ergebniß der früheren Beeinträchtigungen zu Tage treten, was sich ohne ziffernmäßigen Nachweis auf Grund zahlreicher Einzelerfahrungen behaupten lasse; in psychiatrischen Fachkreisen und namentlich in den Kreisen der Irrenärzte habe man schon seit längerer Zeit sich der Einsicht nicht verschließen können, daß unser bis jetzt herrschendes Unterrichtssystem mit einer gesunden Entwicklung des Gehirns schwer vereinbar sei. Auch will man beobachtet haben, daß die Zahl der Selbstmorde unter den Schülern der höheren Lehranstalten bedenklich zunehme.

In wie weit diese Anklagen begründet sind, mag dahin gestellt bleiben. Das jedoch kann man ohne Uebertreibung sagen, daß wohl die Mehrzahl der Schüler die Schule geistig überarbeitet und abgespannt verläßt, daß ihnen die Frische und Energie des Geistes, damit zugleich auch die Selbstständigkeit des Urtheils verloren gegangen ist. Es fehlt ihnen die Lust an geistigem Schaffen und namentlich auch die Theilnahme an den natürlichen Interessen des jugendlichen Lebenskreises. Alles dies, ferner das häufig bei Schülern beobachtete träge Wesen, ihre schlaffe Haltung, ihr matter Blick, der Hang zum völligen geistigen Ausspannen nach dem Verlassen der Schule ist das Bild einer tiefen chronischen Gehirnermüdung und nach ärztlicher Meinung unzweifelhaft zurückzuführen auf eine Ueberbürdung durch zu viele und Ueberreizung durch zu schwierige Gehirnaufgaben oder zu frühzeitige Inanspruchnahme des Gehirns. Denn eine geistige Ueberfütterung erzeugt ebenso wenig eine richtige Verdauung wie eine körperliche.

Fast Alle, die über diese Angelegenheit geschrieben haben, mit Ausnahme der Philologen, nehmen die Ueberbürdung als bestehend an. Im preußischen Abgeordnetenhause äußerte man sich dahin, daß man die Ueberbürdung den Abiturienten anmerke; dieselben sähen abgespannt und ermüdet aus und ständen in körperlicher Hinsicht weit hinter den Kadetten und den jungen Leuten aus England zurück. Letzteres kann ich aus eigener Wahrnehmung bestätigen. Ich habe öfters in England, z. B. in Eton und Edinburg, Schüler aus ihrer Schule heraustreten sehen und mich über ihr kräftiges Aussehen und ihre rothen Backen gefreut.

* * *

Ich wende mich nun zu der wichtigen Frage nach dem **Grunde der Ueberbürdung**, denn ehe man den Grund nicht erkannt hat, kann von einer Besserung und Heilung nicht die Rede sein. Da nehme ich denn nach dem bereits Gesagten keinen Anstand, vorzugsweise — wenn auch nicht ausschließlich — dem jetzigen Unterricht nach seinem Umfang und seiner Methode die Verantwortung aufzubürden. In ersterer Hinsicht ist zu tadeln, daß in der Schule alles Wissenswerthe und außerdem noch verschiedenes Andere gelehrt und gelernt werden soll; in letzterer Beziehung muß als durchaus verwerflich bezeichnet werden, daß das gegenwärtige, wenn auch vielleicht unbewußte Ziel des Unterrichts in den höheren Schulen darauf hinausläuft, lauter Gelehrte heranzubilden.

Was zunächst die übertriebene Mannigfaltigkeit der Unterrichtsgegenstände anlangt, so hat ein Schüler der preußischen höheren Lehranstalten nicht weniger als 14—15 verschiedene Fächer zu bewältigen in durchschnittlich 28—32 wöchentlichen Schulstunden, nämlich ein Gymnasiast je nach der Klasse: Religion (2—3 Stunden), Deutsch (2—3), Latein (8—9), Griechisch (6—7), Französisch (2—5), Geschichte und Geographie (zusammen 3—4), Rechnen und

Mathematik (zus. 3—4), Naturbeschreibung (2), Physik (2), Schreiben (2), Zeichnen (2), Turnen (2) und Singen (2). Hierzu tritt noch der Unterricht im Hebräischen (2 St.) für diejenigen, welche Theologie studiren wollen. Da die Mathematik in mehrere Fächer (Planimetrie, Algebra, Stereometrie und Trigonometrie) zerfällt, und da in jedem dieser Fächer besondere Grundelemente erlernt werden müssen, so wird dadurch die Mannigfaltigkeit des von den Schülern zu bewältigenden Unterrichtsstoffes noch wesentlich erhöht.

Die Realgymnasien (früher Realschulen I. Ordnung) weisen an Lehrgegenständen und Unterrichtsstunden auf: Religion (2—3), Deutsch (3), Latein (5—8), Französisch (4—5), Englisch (3—4), Geschichte und Geographie (zus. 3—4), Rechnen und Mathematik (zus. 4—5), Naturbeschreibung (2), Physik (3), Chemie (2), Schreiben (2), Zeichnen (2), Turnen (2) und Singen (2).

In den Lehrplan der Oberrealschulen (früheren Gewerbeschulen) sind dieselben Unterrichtsfächer wie in den Realgymnasien aufgenommen, nur Latein ist weggelassen; die durch den Wegfall des Lateins freigewordenen Schulstunden sind auf die übrigen Fächer vertheilt, so daß die wöchentliche Gesammtstundenzahl fast genau dieselbe ist, wie bei den Gymnasien.

Der Lehrplan der höheren Bürgerschulen schließt sich im Allgemeinen dem der Oberrealschulen an, nur Physik und Chemie scheiden aus und der Kursus ist von 9 Jahren auf 6 Jahre herabgesetzt. Die Zahl der wöchentlichen Schulstunden steigt auch bei ihnen bis auf 30.

Was die höheren Töchterschulen betrifft, so beträgt die Zahl der Lehrgegenstände 15, nämlich: Religion (2 St.), Deutsch (5—6), Anschauungsunterricht (2), Schreiben (2—4), Rechnen (2—4), Handarbeit (2), Zeichnen (2), Französisch (5), Englisch (4), Geschichte und Geographie (zus. 2—4), Naturgeschichte und Physik (zus. 2), Gesang (2) und Turnen (2). Die Zahl der Unterrichtsstunden steigt von 24 in den unteren auf 30 in den mittleren und auf 32 (!) in den oberen Klassen.

Rechnet man hierzu noch die **häuslichen Arbeitsstunden**, welche nach den angestellten Ermittelungen in den unteren Klassen etwa 2—3, in den mittleren 3—4 und in den oberen 4—5, also wöchentlich 12—30 betragen, sowie die Unterrichtsstunden, welche die meisten Schüler noch in andern Fächern (Musik, Stenographie u. s. w.) **privatim** erhalten, so gelangt man zu dem bereits oben kurz erwähnten Ergebniß, daß die Schüler in den unteren Klassen im Alter von 9—12 Jahren ungefähr 48, in den mittleren Klassen im Alter von 13—15 Jahren 56 und in den oberen Klassen im Alter von 16—19 Jahren 60 Sitz- und Denkstunden in der Woche, also täglich 8 — 10 zu bewältigen haben. Dies erscheint um so ungeheuerlicher, als der Staat seinen **Beamten**, die doch sämmtlich im reifen Alter stehen und im Vollbesitz ihrer Kraft sich befinden, durchschnittlich nicht mehr wie höchstens täglich 7 Stunden geistiger Arbeit zumuthet; die amtlichen Bureaustunden gehen meines Wissens nirgends über diese Zahl hinaus. Die Schüler, welche noch ein gut Theil ihrer Kraft zur Weiterentwicklung des Körpers brauchen, müssen also durchschnittlich 2—3 Stunden täglich mehr leisten, als ein erwachsener Mann. Es ist klar, daß bei Feststellung des Schul- und Lehrplanes nur solche Männer mitgewirkt haben, welche das alleinige Gewicht auf die Ausbildung des Geistes legten und sich nicht weiter darum bekümmerten, ob der Körper ein solches Maß geistiger Anstrengung vertragen würde.

* * *

Sehen wir nun einmal zu, **was die Aerzte hierüber meinen**, deren Urtheil doch mit entscheidend sein sollte, welche aber erst jetzt, nachdem heilloser Schaden angerichtet worden ist, um ihre Ansicht befragt werden. Die von dem Statthalter in Elsaß-Lothringen eingesetzte Kommission medizinischer Sachverständiger, welche diese Frage einer eingehenden Prüfung unterzogen hat, ist zu der Ansicht gelangt, daß den Schülern wöchentlich an Schul- und häuslichen Arbeitsstunden einschließlich des Turn- und Singunterrichts höchstens zugemuthet werden sollen: im Alter von 7—8 Jahren (Nonaner, Oktavaner) 24—24½, im Alter von 9 Jahren (Septimaner) 28—29½, im Alter von 10—11 Jahren (Sextaner, Quintaner) 36—37, im Alter von 12—14 (Quartaner, Tertianer) 42 und im Alter vom 15. Lebensjahre an (Sekundaner, Primaner) 46—52 Stunden. Es ist dies dem jetzigen Zustande gegenüber durchschnittlich ein Weniger von täglich etwa 2 oder wöchentlich 12 Stunden geistiger Arbeit. Außerdem verlangen die Aerzte, daß zwischen der 1. und 2. Lehrstunde 10 Minuten, zwischen der 2. und 3. Lehrstunde 15 Minuten, zwischen der 3. und 4. Lehrstunde 10 Minuten und zwischen der 4. und etwaigen 5. Lehrstunde 20 Minuten Pause zu machen, die Sonntage aber von Schularbeiten ganz frei zu halten sind.

In ihrem Gutachten hat die elsaß-lothringische Sachverständigen-Kommission ganz besonders darauf hingewiesen, welche unsinnigen Anforderungen zur Zeit an Knaben gestellt würden, welche in die Pubertätszeit eintreten, in eine Zeit, in der frische Luft und reich zugemessene Bewegung dem Körper zur richtigen Entwicklung ebenso nothwendig seien, wie dem Fisch das Wasser; 8—9 Tagesstunden geistiger Arbeit, noch dazu größtentheils in sitzender Haltung verbracht, seien für einen ausgebildeten, arbeitskräftigen Mann eine Leistung, die sich nicht ohne ermüdende Anstrengung und nur, wenn volle Sonntagsruhe eintrete, längere Zeit hindurch ohne Schaden ausführen lasse; eine so übertriebene Thätigkeit, Kindern von 13—14 Jahren zugemuthet, müsse nothwendig Störungen in den körperlichen Funktionen, insbesondere des Appetits, des Schlafs und der Entleerungen, Ueberreizung des Gehirns und des ganzen Nervensystems überhaupt herbeiführen und die geistige Kraft wie die körperliche schwächen. Die Kommission hat hierbei ihrem gerechten Erstaunen Ausdruck verliehen, daß man — nicht blos in Elsaß-Lothringen — es habe über sich gewinnen können, so unerhörte Forderungen an den kindlichen Organismus zu stellen.

Nicht viel günstiger lautet das von dem deutschen Verein für öffentliche Gesundheitspflege in dieser Beziehung gefällte Urtheil. Die in der oben erwähnten Versammlung dieses Vereins größtentheils mit einer an Stimmeneinheit grenzenden Mehrheit angenommenen Thesen sprechen aus, daß das jetzige Unterrichtssystem nach verschiedenen Seiten hin, insbesondere durch zu frühe und zu gehäufte Anstrengungen des kindlichen Gehirns bei verhältnißmäßigem Niederhalten der Muskelthätigkeit, störend auf die allgemeine Körperentwicklung wirke, zumeist auf das Sehorgan; es erscheine daher erforderlich, mittels einer Verminderung des Lehrstoffes die tägliche Unterrichtszeit und die häuslichen Arbeiten zu beschränken; die mangelhafte Unterweisung in den Grundsätzen der Gesundheitslehre setze die heranwachsende Generation Schädlichkeiten aus, gegen welche sie zunächst durch geeignete Belehrung der Lehrer und dann auch der Schüler geschützt werden müsse.

Im preußischen Abgeordnetenhause wurde die Meinung laut, daß die Gesundheit und körperliche Rüstigkeit der Schüler, wie ihre geistige und moralische Spannkraft nicht selten Manches zu wünschen übrig lassen.

* * *

Die preußische Regierung hat nach ihrer Versicherung die Ueberbürdungsfrage fortwährend im Auge behalten. Insbesondere sind die Schulräthe bei der Revision der höheren Schulen veranlaßt worden, auch diesem Punkte ihre Aufmerksamkeit zuzuwenden, und durch Verfügung des Unterrichtsministers vom 3. Januar 1882 sind Aeußerungen der Provinzialschulräthe und Oberpräsidenten darüber eingefordert worden, ob nach deren persönlichen Beobachtungen und Erfahrungen an den höheren Schulen eine Ueberbürdung der Schüler durch häusliche Arbeiten stattfinde. Die überwiegende Mehrzahl dieser Beamten, nämlich 16 Schulräthe und 9 Oberpräsidenten, haben sich für das Vorhandensein einer Ueberbürdung ausgesprochen, 12 Schulräthe und 3 Oberpräsidenten stellen sie in Abrede. Wenn einer der letzteren hervorhebt, „daß der Ruf wegen Ueberbürdung vorzüglich in den sogenannten besseren Kreisen der Gesellschaft und viel weniger in den Familien laut werde, wo die ernste, ausdauernde Arbeit und das mit Schweiß verbundene Ringen nach einem festen Ziel als ein anerkanntes und gern getragenes Lebensgesetz gelte", so ist das allerdings eine recht elegante und imponirende Redewendung, aber doch nur eine Redewendung. Denn daß aus den besseren Kreisen mehr Klagen erschallen, hat seinen Grund offenbar darin, daß diese Kreise mehr auf die Gesundheit achten und leichter in der Lage sind, ihre Klagen geltend zu machen, im Uebrigen auch die Mehrzahl der Schüler in den höheren Schulen, namentlich in den oberen Klassen, den besseren Kreisen der Gesellschaft angehört.

Leider scheint die Regierung, d. h. die an der Spitze der Unterrichtsverwaltung stehenden Räthe, nicht ernstlich von dem Bestehen der Ueberbürdung und von der Nothwendigkeit gründlicher Reformen in dieser Richtung überzeugt zu sein. Darauf deutet schon gewissermaßen der Umstand hin, daß sie die Möglichkeit einer Ueberbürdung nur in den häuslichen Arbeiten, nicht aber auch in dem ganzen Unterrichtssystem sucht. Nur eine theilweise Ueberbürdung wird zugestanden und diese noch dazu auf Ursachen zurückgeführt, deren Beseitigung keineswegs das Uebel mit der Wurzel ausrotten würde.

Eine der hauptsächlichsten Ursachen der Ueberbürdung wird nämlich seitens der Regierung in der Ueberfüllung der höheren Schulen gefunden. In dieser Richtung wird geltend gemacht, daß es bei dem in den letzten Jahrzehnten unverhältnißmäßig gesteigerten Zudrange zu den höheren Schulen unvermeidlich sei, daß ein größerer Prozentsatz solcher Schüler sich darunter befinde, welche durch unzureichende Begabung oder durch die in den häuslichen Verhältnissen liegenden Hindernisse in ihren Fortschritten gehemmt würden. Unter diesen Umständen könne der Unterricht auch für die übrigen Schüler nicht die Wirkung haben, welche er sonst wohl erreichen würde, und jede Beeinträchtigung des Erfolges der Lehrstunden führe zu einer Uebertragung der Last auf die häusliche Beschäftigung. Ueberdies könne bei überfüllten Schulen von einer erziehlichen Wirkung des Unterrichts kaum mehr die Rede sein; der Direktor vermöge die einzelnen Lehrer bezüglich des richtigen Maßes der Anforderungen für die verschiedenen Lehrgegenstände und bezüglich des geordneten Ineinandergreifens des Unterrichts nicht mehr genügend zu controliren; das gedeihliche Zusammenwirken des Lehrkörpers leide, und die persönliche Theilnahme der Lehrer an den Schülern, welche diesen die Arbeit wesentlich erleichtere, sinke auf ein verschwindendes Maß herab.

Etwas Wahres liegt hierin sicherlich; doch ist dieser Punkt im Großen und Ganzen nicht von sonderlicher Bedeutung. Dies ergiebt sich zunächst daraus, daß die oben erwähnte Petition des Centralvereins für Körperpflege fast nur von Bewohnern, Magistraten u. s. w. mittlerer und kleiner Städte ausgeht, während doch eine bedenkliche Ueberfüllung der höheren Schulen fast nur in den größeren Städten vorkommt. Sodann muß darauf hingewiesen werden, daß fast auf allen höheren Schulen, gleichviel ob dieselben eine geringe oder eine übergroße Schülerzahl aufweisen, nahezu dieselben Prozentsätze hinsichtlich der Kurzsichtigen ermittelt worden sind, woraus doch nothwendigerweise auf das Vorhandensein der Ueberbürdung in gleichem Maße auf allen höheren Schulen geschlossen werden muß.

Sodann hat weiter die preußische Regierung eine Gefahr der Ueberbürdung in dem neuerdings immer mehr eingeführten sogenannten Fachlehrersystem gefunden. Dieses System besteht darin, daß gegenwärtig nicht mehr wie vor 50 Jahren beinahe der gesammte Unterricht einer Klasse in derselben Hand vereinigt ist, sondern daß mit Rücksicht auf den gewaltigen Umfang, den seitdem jede einzelne Wissenschaft angenommen, fast für ein jedes Fach ein besonderer Lehrer bestellt ist. Die Folge davon ist, daß jeder einzelne Lehrer die Schüler für sein Fach zu interessiren sucht, dasselbe für besonders wichtig hält und möglichst umfangreich behandelt, und zwar oft ohne Rücksicht auf die Anforderungen in den übrigen Fächern und jedenfalls ohne persönliche Anschauung von den allgemeinen Leistungen der Schüler sowie den von ihnen zu bewältigenden Aufgaben in den andern Gebieten. Nicht selten tritt auch auf Seiten einzelner Lehrer ein bedenklicher Ehrgeiz in dem Bestreben hervor, möglichste Erfolge zu erzielen und dadurch sich den Weg zur schnelleren Beförderung zu bahnen, wodurch den Schülern übermäßige Leistungen zugemuthet werden. So kommt es, daß die von den Regulativen vorgeschriebenen, ziemlich harmlos klingenden Lehrziele in den einzelnen Fächern wohl überall bedeutend überschritten werden. Wenn z. B. in dem preußischen Lehrplan für das Gymnasium als Ziel des griechischen Unterrichts hingestellt wird: „Sicherheit in der attischen Formenlehre und Bekanntschaft mit der Formenlehre des epischen Dialekts; Kenntniß der Hauptlehren der Syntax; Erwerbung eines ausreichenden Wortschatzes“, so wird thatsächlich daraus gemacht: volle Kenntniß der griechischen Sprache. Hierin liegt wiederum etwas Wahres, doch ist auch dies von nur nebensächlicher Bedeutung.

Bei dieser Gelegenheit möchte ich noch näher auf einen Punkt eingehen, welcher oben nur kurz gestreift ist, welcher aber eine eingehende Besprechung verdient. Es ist nämlich Thatsache, daß viele Eltern aus Ehrsucht oder weil die Wahl eines, höhere Bildung nicht erfordernden, Berufes für nicht standesgemäß gehalten wird, ihre wenig begabten Kinder auf die höheren Schulen schicken und sie mit aller Gewalt durch dieselben hindurchzudrücken suchen; daß ferner viele Eltern ihren Söhnen eine über ihren Stand gehende Erziehung zu geben wünschen, obgleich der Mangel an ausreichenden Mitteln, an genügender Ernährung, an Gelegenheit zu ruhiger, häuslicher Arbeit von vornherein die zu überwindenden Schwierigkeiten ungemein vermehrt. Dazu kommt, daß auch das an sich nicht zu tadelnde Streben nach der Berechtigung zum einjährig-freiwilligen Dienste den unteren und mittleren Klassen der höheren Lehranstalten viele ungeeignete Elemente zuführt, denen die Bewältigung des Unterrichtsstoffes übermäßige, die Gesundheit schädigende Anstrengungen bereitet.

Alles dies sind indeß Verhältnisse, die, so viel man auch darüber nachdenken mag, nicht wesentlich geändert werden können, und welche die Unterrichtsverwaltung daher unter allen Umständen bei Feststellung des Unterrichtsplanes berücksichtigen muß. Denn den Eltern kann nicht verwehrt werden, ihre Söhne auf diejenige Schule zu schicken, welche sie für gut halten, und so lange sie es für gut halten. Es ließen sich ja allerdings die ungeeigneten Elemente von den höheren Schulen durch die Bestimmung entfernen, daß diejenigen Schüler, welche in einer Klasse sitzen bleiben, abzugehen haben. Allein abgesehen davon, daß dadurch viele Familien in die größte Verlegenheit geriethen, würden von einer solchen Maßregel auch zahlreiche gut beanlagte Schüler betroffen werden, welche nur zeitweise aus Unfleiß, Krankheit u. dgl. m. zurückgeblieben waren. Ebenso wenig läßt sich dem Zudrange derjenigen wehren, welche die Berechtigung zum einjährig-freiwilligen Dienst erwerben wollen. Denn unter den gegenwärtigen socialen Verhältnissen können die wissenschaftlichen Anforderungen an die Einjährig-Freiwilligen weder bedeutend ermäßigt noch bedeutend erhöht werden, sonst würden die Einjährig-Freiwilligen auf der einen Seite zu einem Proletariat herabgedrückt, auf der andern Seite zu einer privilegirten Kaste erhoben werden, in keinem Falle aber würde damit der Heranbildung eines einerseits genügend gebildeten, anderseits genügend zahlreichen Reserveoffizierkorps gedient sein. Die Errichtung besonderer, *nur* auf die Erlangung der einjährig-freiwilligen Berechtigung hinzielender Schulen, wie wir sie bereits in den höheren Bürgerschulen besitzen, wird eine *durchgreifende* Abhülfe schwerlich zu bringen im Stande sein, einmal, weil diese Schulen in kleineren Städten aus Mangel an genügender Frequenz nicht lebensfähig sein würden, und sodann, weil zahlreiche Eltern nicht in der Lage sein werden, von *vornherein* zu bestimmen, ob ihre Söhne nur die Berechtigung zum einjährig-freiwilligen Dienst oder das Abgangszeugniß eines Gymnasiums oder einer Realschule erwerben sollen.

* * *

So findet man denn seitens der Unterrichtsverwaltungen die Ursache der Ueberbürdung in allem Möglichen, nur nicht darin, wo sie der Hauptsache nach liegt: **in der Häufung des Unterrichtsstoffes, dem zu hoch gesteckten Lehrziele und der dadurch herbeigeführten unmäßigen Zahl der Schul- und Arbeitsstunden.** Die Aerzte verlangen ganz allgemein viel weniger Sitzen, viel weniger geistige Anstrengung, viel mehr freie Bewegung für Körper und Geist und, in Verbindung damit, eine bedeutende Verringerung der Unterrichtsstunden. **Hier ist der Punkt, wo allein der Hebel mit Erfolg angesetzt werden kann.** Das muß doch nach dem bisher Ausgeführten jedem Einsichtigen klar sein, daß die gegenwärtig den jungen Leuten gerade in der Zeit ihrer körperlichen Entwicklung zugemuthete geistige Anstrengung auf die meisten Schüler nicht ohne gesundheitsschädigende Folgen bleiben kann, wenngleich unverwüstliche und begabte

Naturen, wie man zu sagen pflegt, auch einen solchen Puff vertragen. Letzterer Umstand ist eigentlich, so paradox es auch klingen mag, ein Unglück. Denn diejenigen, welche trotz des Schulbesuchs sich normale Körperbeschaffenheit bewahrt haben, werden nur zu leicht geneigt sein, die ganze Ueberbürdungsfrage gewissermaßen als Schwindel anzusehen und zu brandmarken.

Die Regierung macht geltend, daß bezüglich der Lehrziele für die einzelnen Gegenstände, wenigstens im Gymnasialunterricht, und bezüglich der hiernach in der Reifeprüfung zu stellenden Forderungen eine Steigerung innerhalb der letzten 50 Jahre nicht eingetreten sei. Dies kann indeß nicht zugegeben werden. In Folge des gewaltigen Fortschrittes jeder einzelnen Wissenschaft ist der Lehrstoff unzweifelhaft gestiegen. Die Anforderungen des praktischen Lebens an das zu Erlernende sind mannigfaltiger geworden; vieles muß auch den Gymnasiasten gelehrt werden, was früher als überflüssig galt. Namentlich der Unterricht in den realistischen Fächern ist auf ein immer höheres Maß getrieben worden. In andern, nicht in den Lehrplan aufgenommenen Wissenszweigen macht sich die Nothwendigkeit des Erlernens für Viele geltend. Kurz, unser gesammtes Wissen ist viel breiter und tiefer geworden als vor 50 Jahren. Deßhalb erscheint es als eine keineswegs ungerechtfertigte, wenn auch recht herbe Kritik, was Ed. von Hartmann von dem jetzt herrschenden Unterrichtssystem sagt, daß nämlich die Gesammtstundenzahl und die Summe der häuslichen Arbeiten im Laufe dieses Jahrhunderts beständig angeschwollen sei, so daß dieselbe heute bereits als eine nationale Kalamität zu bezeichnen sei, als eine systematische Untergrabung der körperlichen und geistigen Gesundheit der edelsten Blüthe des deutschen Volkes.

Aber auch angenommen, die Anforderungen des Unterrichts seien in den letzten 5 Jahrzehnten nicht gestiegen, so kann das doch keineswegs als Beweisgrund gegen die Ueberbürdungsklagen geltend gemacht werden. Denn bereits seit 50 Jahren bestehen diese Klagen, und wenn erst jetzt mehr und mehr die schlimmen Folgen dieser Ueberbürdung zu Tage getreten sind, so hat dies zum Theil seinen Grund wohl auch darin, daß die Generationen erst allmählich in körperlichen Verfall gerathen sind. Denn die Folgen einer unnatürlichen Lebensweise werden nicht blos an den einzelnen Individuen wahrgenommen, sondern auch an den Generationen. Ein Trunkenbold beispielsweise wird die Verwüstung, welche der Alkohol an seinem Körper anrichtet, nicht nur bei sich selbst, sondern auch, und zwar in verstärktem Maße, bei seinen Nachkommen beobachten können. Aus der Geschichte ist hinreichend bekannt, daß kräftige Völkerschaften, welche sich einer weichlichen Lebensart hingegeben hatten, allmählich entarteten und dem Andrange anderer naturwüchsiger Völker erlagen. Es kann wohl als etwas Selbstverständliches angesehen werden, daß kräftige Menschen im Allgemeinen kräftigere Kinder haben werden, als schwächliche Eltern. Wenn also bereits seit 50 Jahren die gesundheitsschädliche Ueberbürdung in den höheren Schulen besteht, so wird bereits ein Theil unserer Väter dadurch körperlich geschwächt worden sein und ein Geschlecht erzeugt haben, welches nicht mehr körperlich so widerstandsfähig ist als das frühere; unsere eigenen Nachkommen werden vermuthlich dann wieder dem jetzigen Geschlechte nachstehen.

Ich will dies nicht mit Bestimmtheit behaupten, da ich hierin kein Sachverständiger bin. Eine gewisse Rolle dürfte aber jedenfalls die Thatsache spielen, daß bestimmte Krankheiten sich vererben. Wenn es namentlich wahr ist, daß die Kurzsichtigkeit sich vererbt, so steht unserem Volke, wie oben nachgewiesen, eine schlimme Kalamität in Aussicht.

* * *

Nach alledem sollte auch der vertrocknetste Schulmann einsehen, daß in unserem höheren Unterrichtswesen ein Uebelstand besteht, welcher dringend der Abhülfe bedarf, daß diese Abhülfe sich nicht auf Quacksalbereien beschränken darf, sondern eine radikale sein muß und daß einzig und allein in der Beschränkung des Lehrstoffes und der Lehrstunden das Heilmittel liegt.

Im Allgemeinen muß behauptet werden, daß der Unterricht und das Maß des zu Erlernenden in den einzelnen Fächern nicht wesentlich verringert werden kann, weil sonst die Gefahr besteht, daß nur etwas Halbes gelernt wird, was nicht viel nützt. Gerade Halbwisserei ist der Fluch unserer Zeit. Man betrachte z. B. den französischen Unterricht auf den Gymnasien. Derselbe reicht schon jetzt kaum aus, um die Fertigkeit im Lesen leicht geschriebener französischer Werke zu gewähren. Wollte man ihn noch beschneiden, so würde er zu keinem Ergebniß führen, welches für das praktische Leben von Nutzen sein könnte. Ferner kann beispielsweise der lateinische Unterricht auf den Realgymnasien schlechterdings nicht unter das gegenwärtige Maß heruntergedrückt werden, wenn er überhaupt noch einen Zweck haben soll. Es bleibt also gar nichts weiter übrig, als die **Zahl der Unterrichtsgegenstände zu verringern.**

Soweit wird verhältnißmäßig leicht eine Einigung zu erzielen sein. Mit der Frage aber, welcher Gegenstand oder welche Gegenstände aus dem Unterricht ausscheiden sollen, sticht man in ein Wespennest der verschiedensten, sich bis auf das Messer bekämpfenden Ansichten. Fast Jeder wird eine verschiedene Meinung von der Wichtigkeit der einzelnen Fächer haben; man wird geneigt sein, dasjenige Fach für das unentbehrliche zu halten, für welches man eine besondere Vorliebe hegt, oder welches man im Leben am meisten braucht. Hier muß indeß der gordische Knoten einfach durchhauen werden ohne jede Rücksicht auf die Gefühle und Interessen, welche dadurch verletzt werden. Ich will mir erlauben, in dieser Richtung, zunächst bezüglich der Gymnasien, einen Vorschlag zu machen, von dem ich freilich voraussehe, daß das gesammte Heer der „klassischen“ Philologen und alle diejenigen, welche die Unübertrefflichkeit und Unentbehrlichkeit der sogenannten „klassischen“ Bildung als ein Axiom betrachten, wie ein Mann aufstehen und schreien werden: „Steiniget, steiniget ihn“. Ich schlage nämlich vor, **daß aus dem Lehrplan der Gymnasien der Unterricht in der griechischen Sprache verschwinde.** Da eine solche Maßregel allerdings tief in das bestehende Unterrichtssystem eingreifen und die hergebrachten Anschauungen von ächter Bildung theilweise über den Haufen werfen würde, so halte ich mich für verpflichtet, meinen Vorschlag eingehend zu rechtfertigen.

Von vornherein möchte ich mich gegen den etwa hervortretenden Vorwurf verwahren, als hätte ich kein rechtes Verständniß für die klassische Bildung und verstände insbesondere nicht, die jetzige Gymnasialbildung gehörig zu würdigen. Nach meiner Kenntniß der Sachlage nehme ich keinen Anstand, der Gymnasialbildung vor der Realschulbildung unbedingt den Vorzug zu geben, und gehe darin sogar so weit, daß ich einen Gymnasiasten zur Erlernung selbst derjenigen Wissenschaften und Berufsarten, welche mehr realistische Kenntnisse voraussetzen, für ebenso geeignet und befähigt halte, als einen Realschüler, ohne mich indeß dem Ausspruch Hartmanns anzuschließen, daß man sich auf den Realschulen bei der unendlich gehäuften Menge des Unterrichtsstoffes geradezu dumm lerne. Ich will auch gleich noch hinzufügen, daß ich die griechische Sprache für die schönste aller Sprachen halte, und daß ich für das griechische Alterthum mindestens dieselbe Verehrung hege wie für das römische, den Werth der griechischen Litteratur sogar höher schätze als den der römischen. Wenn ich trotzdem, wenngleich mit schwerem Herzen, die Beseitigung der griechischen Sprache aus dem Lehrplane der Gymnasien verlange, so haben mich folgende Gründe von der Nothwendigkeit dieser Maßregel überzeugt.

Irgend ein anderes der gegenwärtigen Lehrfächer kann schlechterdings nicht entbehrt werden. Weder Religion, noch Geschichte und Geographie, noch deutsche Sprache, noch Rechnen, Mathematik und Physik, noch Naturbeschreibung und Französisch wird man bei dem jetzigen Stande des Culturniveaus weglassen können. Alles dies sind Wissenschaften, welche uns mehr oder weniger die für das praktische Leben unentbehrlichen Kenntnisse zuführen. Sie setzen uns in den Stand, die Gegenwart gehörig zu verstehen und mit ihr fortzuschreiten. Wollten wir diese Bildungselemente den führenden Klassen unseres Volkes nehmen, so liefen wir leicht Gefahr, in der gegenwärtig auf allen Gebieten des praktischen Lebens unaufhaltsam fortschreitenden Entwicklung hinter den andern Völkern zurückzubleiben und dadurch unsere politische wie materielle Stellung zu schwächen. Der Sinn des deutschen Volkes ist überdies bereits zu sehr auf das Studium des klassischen Alterthums und der Philosophie gerichtet, so daß es in dieser Richtung eines tüchtigen Gegengewichts bedarf. Uebrigens nehmen alle die genannten Fächer auf den Gymnasien einen so geringen Umfang ein, daß der Wegfall eines Faches allein keine wesentliche Erleichterung mit sich bringen würde.

Wenn daher eine Verringerung der Lehrfächer vorgenommen werden soll — und daß dies geschehen muß, glaube ich nachgewiesen zu haben —, so kann dies nur bezüglich der beiden alten Sprachen geschehen, welche die Hälfte der Unterrichtsstunden in Anspruch nehmen. Entweder muß also Lateinisch oder aber Griechisch in Zukunft wegfallen. Hartmann schlägt den Wegfall des Lateinischen vor. Dies halte ich aber aus verschiedenen Gründen nicht für angängig.

Zunächst muß darauf hingewiesen werden, daß die lateinische Sprache doch leichter zu erlernen ist als die griechische mit ihrem unendlichen Formenreichthum und ihren Dialektverschiedenheiten, und daß keine andere Sprache so sehr geeignet ist, die Grundlage jedes Sprachstudiums zu bilden, als die lateinische; ohne sie wird die Kenntniß der neueren Sprachen immer eine oberflächliche bleiben. Auch wird durch die Erlernung der lateinischen Sprache, was ich ganz besonders betonen möchte, das logische Denken ungemein befördert. Aber wenngleich man diesen Gesichtspunkten kein großes Gewicht beilegen wollte, so wird man doch Erwägungen mehr praktischer Natur schwerlich widerlegen können.

Die in lateinischer Sprache geschriebene Litteratur übertrifft sicherlich um das hundertfache die in der griechischen Sprache geschriebene. Lateinisch war nicht nur die Sprache des römischen Alterthums, sondern auch die Schriftsprache des Mittelalters und hat bis tief in die neuere Zeit hinein fast ausschließlich als Sprache der Wissenschaften und der katholischen Kirche gedient. So ist es gekommen, daß fast in keiner Wissenschaft Quellenstudien ohne die Kenntniß der lateinischen Sprache möglich sind, wie auch weder der Theologe, noch der Jurist, noch der Philolog ohne diese Kenntniß seine Wissenschaft gründlich studiren kann. Selbst der Mediziner bedarf ihrer zum Verständniß der zahllosen, in seiner Wissenschaft vorkommenden lateinischen Wörter und Ausdrucksweisen. Ein Jurist z. B. würde ohne Kenntniß der lateinischen Sprache gar nicht im Stande sein, das römische Recht ordentlich zu verstehen, und da das römische Recht die unbedingte Grundlage der modernen Rechtssysteme ist, so würden wiederum diese ohne gründliche Kenntniß des römischen Rechts nicht in ihrem innersten Wesen erfaßt werden können.

Anders verhält es sich mit der griechischen Sprache. Für kein einziges Fachstudium, abgesehen natürlich von der klassischen Philologie und vielleicht, wegen des neuen Testaments, der Theologie, ist sie unentbehrlich, und die Wenigen, welche sie zu ihrem Spezialstudium nöthig haben, mögen sie privatim erlernen, wie dies zahlreiche Personen, welche das Gymnasium besucht haben, bezüglich der englischen Sprache thun müssen.

Nach der hergebrachten Tradition wird der Einfluß, welchen der Unterricht in der griechischen Sprache auf die allgemeine Bildung hat, nach meinem Dafürhalten bedeutend überschätzt. Nur verhältnißmäßig sehr wenige Schüler erlernen die griechische Sprache soweit, daß sie ohne Schwierigkeit die griechischen Klassiker lesen können. Für die allermeisten läßt das beständige Ringen mit der Form einen wirklichen Genuß und ein rechtes Verständniß für das Gelesene, namentlich bei schwierigeren Schriftstellern, nicht aufkommen. Und so wenig bleiben nach dem Abgang vom Gymnasium die Meisten in Berührung mit der griechischen Sprache, daß nach kaum einem Jahrzehnt die äußerst mühsam angeeigneten Kenntnisse zum großen Theil verloren sind. Ich meinerseits war im Griechischen einer der besseren Schüler meiner Klasse, bin aber jetzt — 16 Jahre nach dem Abiturientenexamen — nicht mehr im Stande, Homer ohne Wörterbuch zu verstehen. Auch in der Unterrichts-Kommission des preußischen Abgeordnetenhauses wurde bei Berathung der Ueberbürdungsfrage die Meinung laut, daß die Schüler nach sieben- (jetzt sechs-) jährigem Unterricht in der griechischen Sprache dieselbe doch nicht ordentlich erlernt, ja fürs Leben aus der Beschäftigung mit derselben nur wenig bleibenden Gewinn davongetragen hätten. Ich muß offen gestehen, daß mir die Liebe zum griechischen Alterthum nicht durch das Mittel der griechischen Sprache eingeflößt worden ist; denn die ungeheuren Anstrengungen zur Erlernung dieser haben eher abschreckend gewirkt.

Warum sollte es denn nicht möglich sein, in den Geschichts- oder anderen Unterrichtsstunden die großen Güter des hellenischen Alterthums mittels der deutschen Sprache den Schülern verständlich zu machen und denselben auf diesem Wege alle diejenigen Bildungselemente zuzuführen, welche zur vollen Klassicität gehören? Die klassischen Philologen werden das natürlich bestreiten. Da möchte ich sie, die doch in der Regel der englischen Sprache nicht mächtig sind, einfach fragen, ob ihnen die Schönheiten der Shakespeare'schen Dramen deßhalb verborgen geblieben sind, weil sie diese Dramen haben in deutscher Uebersetzung lesen oder hören müssen? Der große bildende Einfluß des Griechenthums liegt nicht sowohl in der griechischen Sprache, als vielmehr in der Geschichte der Griechen, ihren unübertroffenen Leistungen in der Kunst und in den werthvollen Erzeugnissen ihrer Litteratur. Letztere sind durch vortreffliche deutsche Uebersetzungen, wie z. B. die Schleiermacher'schen, einem jeden gebildeten Manne zugänglich gemacht. Uebrigens haben wir seit Schiller und Göthe eine eigene treffliche Litteratur, welche mehr und mehr die griechische und römische verdrängen sollte. Mancher Gymnasiast weiß leider besser in den griechischen und römischen, als in den deutschen Klassikern Bescheid.

So wie jetzt die Dinge liegen, werden bei dem übertriebenen Gewichtlegen auf die Grammatik die Kenntnisse in der griechischen Sprache den Schülern meist geradezu eingequält. Der griechische Unterricht ist, wenn ich recht berichtet bin, erst in diesem Jahrhundert für die Gymnasien obligatorisch gemacht, und doch hat es auch früher schon recht klassisch gebildete Leute gegeben. In andern Ländern findet gar kein Unterricht in der griechischen Sprache statt oder doch ein viel weniger umfangreicher; trotzdem leisten auch diese Länder ganz Tüchtiges in den Wissenschaften. An den französischen Gymnasien werden beispielsweise dem Griechisch wöchentlich nur 20 Unterrichtsstunden gewidmet, bei uns dagegen 40 (dem Latein in Frankreich 39, bei uns 77, dagegen der Muttersprache in Frankreich 51, bei uns 21!). Daß wir Deutschen an allgemeiner Bildung und namentlich an gelehrtem Wissen alle andern Nationen übertreffen, entspricht allerdings den von mir auf meinen vielen Reisen gesammelten Erfahrungen und wird wohl auch von den fremden Nationen nicht bestritten. Allein gelehrtes Wissen ist durchaus nicht die nothwendige Bedingung für das doch allseitig, auch seitens der Unterrichtsverwaltung, zu erstrebende Ziel des Wohlbefindens, der gesunden Entwicklung und der Machtstellung eines Volkes.

Dafür bietet das englische Volk einen schlagenden Beweis. In England ist sowohl die Zahl der Unterrichtsgegenstände auf den höheren Schulen, als auch die Zahl der wöchentlichen Lehrstunden geringer als in Deutschland. Auf die häusliche Vorbereitung der Schüler wird in den unteren Klassen durchschnittlich 1 Stunde und in den oberen Klassen nicht mehr als das Doppelte täglich gerechnet. Ein großer Theil des Tages wird den nationalen Spielen und körperlichen Uebungen gewidmet. Der mir bekannt gewordene Lehrplan einer englischen höheren Schule setzt beispielsweise als Unterrichtsstunden nur fest die Zeit von 7½ bis 9 und 11—12 Vormittags, sowie die Zeit von 3—4, 5—6 und 7—8 Nachmittags, zusammen 5½ Stunden. An einer andern Schule ist die Zeit von 9—3 Uhr zum Unterricht bestimmt, es wird aber Mittags eine Pause von über einer Stunde gemacht. Dazu findet gewöhnlich an einem ganzen oder an zwei halben Wochentagen gar kein Unterricht statt. Ueber 22 Unterrichtsstunden weist, soweit ich habe in Erfahrung bringen können, kein Lehrplan auf. Die Kenntnisse im Lateinischen und Griechischen sind bei weitem nicht so bedeutend wie bei uns. Trotz alledem wird Niemand bestreiten wollen, daß die Engländer auf fast allen Gebieten das Größte geleistet haben und noch jetzt eine weltgebietende Stellung einnehmen.

Das deutsche Volk wäre sicherlich zu derselben Stellung, in welcher es sich gegenwärtig befindet, gelangt, auch wenn bei dem Gymnasialunterricht das Griechisch gefehlt hätte. Unsere Offiziere haben der überwiegenden Mehrzahl nach, nämlich soweit sie aus den Kadettenanstalten und Realschulen hervorgegangen sind, griechischen Unterricht nicht genossen, und doch wird Niemand behaupten wollen, daß das Offizierkorps auf einer höheren Stufe stehen würde, wenn es die

„Weihe“ des griechischen Unterrichts erhalten hätte. Man wird einwenden, daß dieser Unterricht nur für die Studirenden nothwendig sei, nicht auch für diejenigen, deren Lebensstellung den Besuch der Universität nicht erheische. Hiergegen stelle ich die Behauptung auf, daß auch diejenigen Berufsstände, denen das Universitätsstudium vorgeschrieben ist, genau dasselbe leisten würden, wenn sie ohne griechischen Sprachunterricht geblieben wären. Ich möchte fast noch weiter gehen und behaupten, daß sie vielleicht noch mehr leisten würden. Denn ein so umfangreicher Unterricht wie der griechische auf den Gymnasien kann nicht verfehlen, das Gehirn erheblich zu belasten und damit die Empfänglichkeit für die Aufnahme der andern Fächer zu beeinträchtigen.

* * *

Selbstverständlich konnte es nicht meine Aufgabe sein, mit vorstehenden Ausführungen in den seit bereits einem Jahrhundert tobenden Kampf der Philologen um die Vorzüge der humanistischen oder realistischen Bildung schlichtend einzugreifen. Es schien mir aber doch recht angezeigt, daß auch einmal ein von der modernen Schule bearbeitetes Objekt sich über die von der Unterrichtsmethode empfangenen Eindrücke äußert. Ich stehe mit meiner Ansicht durchaus nicht allein da; sie ist, wie ich mich überzeugt habe, eine in gebildeten, nicht philologischen Kreisen weit verbreitete. Namentlich ist mir von den verschiedensten Seiten bestätigt worden, daß das schwierige Erlernen der griechischen Sprache wie ein Mehlthau auf die Begeisterung für das hellenische Alterthum gefallen sei. Vergeblich habe ich versucht, mich über den vorstehenden Punkt mit klassischen Philologen zu verständigen; alle meine Argumente prallten bei ihnen an einem „Unmöglich“ ab. Sie bezeichnen den griechischen Sprachunterricht als denjenigen, durch welchen vorzugsweise alle idealen und humanen Bestrebungen gefördert werden, und behaupten, daß mit ihm das Gymnasium stehe und falle, wobei übersehen wird, daß in den früheren Gelehrtenschulen bis in das vorige Jahrhundert hinein kein Griechisch gelehrt wurde und daß es auch jetzt wieder Gymnasien ohne Griechisch giebt, die Realgymnasien.

Fällt hiernach der Unterricht in der griechischen Sprache weg, so werden in den beiden Tertien und den beiden Sekunden des Gymnasiums je 7 und in den beiden Primen je 6 volle Unterrichtsstunden wöchentlich frei und damit zugleich wenigstens 6—7 Arbeitsstunden, so daß die Schüler um 12—14 Sitz- und Denkstunden wöchentlich entlastet werden. Das ist nach Ansicht der Aerzte wohl ausreichend. Andernfalls würde meines Erachtens am zweckmäßigsten der mathematisch-physikalische Unterricht um 1 Lehr- und 1 Arbeitsstunde in jeder Klasse abzukürzen sein, was ohne Schaden für das Fach geschehen kann, wenn Dynamik, sphärische Trigonometrie und Aehnliches weggelassen wird, dessen Erlernen auf die Fachschule gehört und nur für den Fachmann Interesse hat. Eine Verkürzung des lateinischen Unterrichts halte ich für unzulässig. Denn nach Wegfall der griechischen Sprache müßte die lateinische ganz besonders gründlich gelehrt werden, zumal andernfalls nichts Ordentliches erreicht werden würde. Fast allgemein wird die Geringfügigkeit des Erfolges des lateinischen Unterrichts an den früheren Realschulen I. Ordnung in sachlicher und formaler Hinsicht unverhohlen anerkannt, und die auf das Latein verwendete Zeit als nahezu vergeudet bezeichnet.

In den drei unteren Klassen des Gymnasiums müssen die Lehrstunden ebenfalls um etwa 6—7 verringert werden, was nach meinem Dafürhalten durch Verkürzung des französischen, mathematischen, geographischen und naturgeschichtlichen Unterrichts um je 1 Stunde und durch Beseitigung des Schreibunterrichts erzielt werden könnte. Damit würden zugleich wöchentlich etwa 4—6 Arbeitsstunden in Wegfall kommen, im Ganzen also 10—12 Stunden.

Mit dem Verschwinden des griechischen Unterrichts vom Gymnasium würde jeder vernünftige Grund zu der an sich unnatürlichen Unterscheidung zwischen Gymnasium und Realgymnasium wegfallen und der Lehrplan beider Schulen genau der gleiche werden; beide würden also zu Gymnasien ohne Griechisch werden, was für das Realgymnasium die Verringerung des französischen Unterrichts sowie des mathematisch-physikalischen um je 2 Stunden und den Wegfall des englischen und chemischen Unterrichts, dagegen die Erhöhung des lateinischen Unterrichts um 2—3 Stunden nothwendig machen würde.

Was die Oberrealschulen anlangt, so müßte selbstverständlich auch in ihnen eine erhebliche Verringerung der Stundenzahl vorgenommen werden. Nach meiner Kenntniß der Sachlage möchte es sich zunächst empfehlen, die Chemie als besonderes Fach ganz aufzugeben. Dieselbe kann auf den Fachschulen und Universitäten gelernt werden als Hilfsfach der zu erlernenden Wissenschaft. Auf die Realschule gehören höchstens die allgemeinen Anfangsgründe und die Grundbegriffe, und diese können ganz gut bei den Naturwissenschaften und der Physik mit vorgetragen werden. Das zu meiner Schulzeit und wohl jetzt auch noch übliche Erlernen von Hunderten von chemischen Formeln, die doch nach kurzer Zeit naturgemäß vergessen wurden, bürdet den Schülern eine schwere, die Freudigkeit am Lernen störende Last auf. Da der chemische Unterricht nur 3 Stunden wöchentlich (in den 3 oberen Klassen) umfaßt, die Oberrealschulen aber womöglich noch mehr mit Lehr- und Arbeitsstunden bedacht sind als die Gymnasien, so würde noch eine weitere Reduktion derselben vorzunehmen sein, etwa am mathematisch-physikalischen Unterricht unter Weglassung der Differenzial- und Integralrechnung, der analytischen Geometrie und der Gleichungen 4. Grades, am englischen und naturwissenschaftlichen Unterricht um je 1 Stunde. In den unteren Klassen schlage ich vor, an Stelle der Chemie den Schreibunterricht fallen zu lassen und außerdem noch die wöchentliche Stundenzahl im Französischen um 1 Stunde zu verringern. In den höheren Bürgerschulen wird ähnlich wie in den Oberrealschulen zu verfahren sein.

Selbstverständlich ist es, daß die durch Wegfall einzelner Fächer freigewordenen Stunden nicht für die andern Fächer in Anspruch genommen werden. Freilich müßte zugleich auch dafür Sorge getragen werden, daß die Schüler die freigewordenen Stunden lediglich zur Erholung und namentlich zur Bewegung in frischer Luft benutzen.

Ich lege übrigens kein allzu großes Gewicht darauf, ob die einzelnen Unterrichtsfächer gerade nach meinen Vorschlägen fallen gelassen und in ihrer Stundenzahl beschränkt werden. Wenn die Ansicht vorwiegt, daß dies zweckmäßiger bei andern Unterrichtsfächern geschieht, so bin ich damit einverstanden, nur würde ich verlangen, daß über diese Frage nicht die Schulmänner allein entscheiden. Die unbedingte Hauptsache für mich ist, daß eine genügende Entlastung, gleichgültig in welchen Fächern, stattfindet. Die obigen Vorschläge habe ich nur formulirt, um mir nicht den Vorwurf zuzuziehen, daß es leicht sei zu kritisiren, schwieriger aber etwas Besseres an die Stelle zu setzen.

* * *

Mit der Einschränkung des Unterrichtsstoffes und der Stundenzahl ist aber noch nicht Alles gethan. Es bleiben immer noch 24 wöchentliche Unterrichtsstunden bestehen, etwa 4 täglich, was mit den bei der jetzigen Lehrmethode nöthigen Arbeitsstunden etwa 8 tägliche Sitz- und Denkstunden ergiebt. Dies ist noch zu viel. Wohl jeder Erwachsene wird an sich selbst schon die Erfahrung gemacht haben, daß er nach 4stündiger, ununterbrochener Geistesarbeit das Bedürfniß nach einer längeren Ruhepause empfand. Mir persönlich ist noch recht gut im Gedächtniß, daß ich nach einjähriger Vorbereitung zum Staatsexamen bei wöchentlich nur 42stündiger Arbeitszeit einer tüchtigen Erholung bedurfte, um die volle Spannkraft wieder zu gewinnen. Fast allgemein ist es üblich, nach bestandenem Examen einen längeren Erholungsurlaub nachzusuchen. Der Schüler kann aber erst nach 12jährigem Besuch der Schule bei wöchentlich etwa 56stündiger Arbeitszeit sich ordentlich ausruhen. Es muß daher noch eine wesentliche Einschränkung der Arbeitsstunden herbeigeführt werden.

Dies kann nur erreicht werden durch eine Aenderung der jetzigen Lehrmethode. Eine solche Aenderung scheint nach zwei Richtungen hin angezeigt zu sein. Zunächst muß darauf Bedacht genommen werden, daß die geistige Nahrung den Kindern mehr durch das Ohr als durch das Auge, durch das lebendige Wort mehr als durch Bücher zugeführt werde. Diesterweg sagt darüber: „Ist die Unterrichtsmethode richtig, so verläßt sie sich sehr wenig auf den häuslichen Fleiß; sie übt die Kräfte in der Schule. Es sind schlechte Lehrer, die das, was sie versäumen, durch eine Unsumme häuslicher Aufgaben zu ersetzen suchen; es gelingt ihnen nicht." In der That haben die Erfahrungen gelehrt, daß die Abwälzung dessen, was in den Schulstunden gelernt werden sollte, auf die häusliche Arbeitszeit eine nicht seltene Folge der oft so mangelhaften pädagogischen Ausbildung der Lehrer ist. Es muß daher seitens der Unterrichtsverwaltungen entschiedeneres Gewicht darauf gelegt werden, daß die Lehrer der höheren Schulen nicht sowohl sich eine Unmasse positiver Kenntnisse aneignen, als vielmehr verstehen, das Gelernte den Schülern mitzutheilen; denn auch die Kunst des Lehrens will erlernt sein.

Die akademische Ausbildung der Lehrer ist zur Zeit eine viel zu gelehrte, was zum Theil mit daher rührt, daß ihre künftige Berufsbildung bereits auf dem Gymnasium anticipirt ist; könnte doch ein tüchtiger Primaner sehr wohl mit Erfolg Lehrer bis Obertertia sein. Die Folge davon ist, daß die Lehrer auf Grund ihres umfassenden Wissens geneigt sind, auch das Schwierige für leicht zu halten und dem Schüler mehr zuzumuthen, als er verdauen kann. Eine gewisse Schuld hieran tragen die Examinatoren der Schulamtscandidaten, welche wiederum ihrerseits auf Grund ihres 20—30 Jahre fortgesetzten Studiums zu viel verlangen. Es hat fast den Anschein, als sollten aus den Studenten der Philologie lauter Privatdozenten gemacht werden. Das jedenfalls ist richtig, daß die jungen Lehrer wohl als wissenschaftlich gebildete Philologen, Historiker, Mathematiker u. s. w., nicht aber als praktisch vorgebildete Pädagogen von der Universität kommen; es fehlt ihnen eine tüchtige seminaristische Ausbildung. Wie beispielsweise der Jurist, der Mediziner nicht ohne eingehende Beschäftigung in der Praxis seinen Beruf mit Erfolg auszuüben im Stande ist, so muß auch der Lehrer Erfahrungen in der Schulpraxis gesammelt haben, ehe er ordentlich zu lehren versteht.

Sodann erscheint eine Aenderung der Unterrichtsmethode in der Richtung höchst wünschenswerth, daß die bisherige übermäßige Belastung des Gedächtnisses mit positiven Kenntnissen vermieden und das Hauptgewicht auf die Ausbildung einer richtigen Denkweise gelegt wird. Ohne positive Kenntnisse giebt es natürlich keine Bildung; aber das Gedächtniß darf damit nicht überladen werden. Denn vollgepfropfte Köpfe sind meist keine glänzenden Denker und für das praktische Leben mehr oder weniger unbrauchbar. Positive Kenntnisse dürfen nur soweit angeeignet werden, als sie als Handwerkszeug zum Denken und Weiterlernen unentbehrlich sind und allgemeine Geistesbildung fördern. Daß mit einem weisen Maßhalten im Lehrstoff die allgemeine Bildung nicht abnimmt, beweist die Geschichte früherer und gegenwärtiger gebildeter Völker, welche viel weniger positive Kenntnisse besaßen oder besitzen und doch in vieler Beziehung unsere Vorbilder sind.

In England wird nicht, wie bei uns, auf das Wissen sondern auf das Können, auf die Ausbildung der Fähigkeit zum Handeln das Gewicht gelegt, und um dieses Zieles willen hält man vom Unterricht alles fern, was die geistige Kraft der Knaben überbürden, überreizen oder zerstreuen könnte. Bei uns hat man leider den so wahren Ausspruch Wilhelm von Humboldt's, daß der Staat bei der Jugend nichts so sehr begünstigen müsse, als was zur Energie des Handelns führen könne, nicht beherzigt. Um den sogenannten wissenschaftlichen Geist möglichst zu erwecken, hat man den Unterricht auf den Gymnasien zu „universitätisch" gestaltet, und macht dadurch die Jugend zu frühreifen Kritikern und Phrasenhelden. Mit Recht weist Böckh darauf hin, daß die ganze Wirkung der humanistischen Ausbildung dadurch verloren gehe, daß man die wissenschaftliche Philologie in die Gymnasien verlegt habe, und nach des sächsischen Ministers von Gerber Ansicht ist unsere Philologie nicht mehr die frühere humanistische Wissenschaft, sondern eine überaus feine und schwierige Linguistik. Der alte, wahre Satz, daß wir nicht für die Schule, sondern für das Leben zu lernen haben, muß wieder mehr wie bisher zur Geltung gelangen.

* * *

Von Seiten unserer Schulmänner wird so gern auf die im griechischen Alterthum liegende Bildungsfähigkeit hingewiesen. Warum ahmt man denn aber nicht die griechische Ausbildung nach? Die Griechen waren nicht so einseitig, daß sie die geistige Ausbildung auf Kosten der körperlichen bewirkt hätten; beide gingen vielmehr Hand in Hand. Es ist sehr fraglich, ob die Griechen das hohe Ziel menschlicher Vollendung erreicht haben würden, wenn ihre Gymnasien so ausgesehen hätten, wie die unsern. In den griechischen Gymnasien, auf der Rennbahn und in der Ringschule, wurde zunächst der Körper gestählt und zu den höchsten Leistungen befähigt. Dadurch haben sich die Griechen gesund erhalten an Geist und Körper. „Es verräth ein gänzliches Verkennen der Natur des Denkens," sagt Hartmann, „wenn man die Fähigkeit zu demselben durch übermäßige Zufuhr von Material zu steigern sucht." Von den Universitäts-Professoren der elsaß-lothringischen Sachverständigen-Kommission wird bezeugt, daß nicht wenige Studirende trotz zehnjähriger Vorbereitung auf gelehrten Schulen unfähig sind, einfache sinnliche Erscheinungen schnell und genau aufzufassen, das Beobachtete sprachlich richtig wiederzugeben und mit der nöthigen Sicherheit und Gewandtheit Urtheile und Schlüsse zu bilden. Die Gelehrsamkeit hat eben bei den weniger begabten Personen den Sieg über die natürliche Vernunft und über die geistige Frische davon getragen, sie confus gemacht.

Der unnütze Gedächtnißkram muß also in Zukunft wegfallen. Hierher gehören namentlich die unzähligen mathematischen und chemischen Formeln, welche die Schüler nur mit der größten Anstrengung sich aneignen können, um sie fast ebenso schnell, als sie gelernt sind, wieder zu vergessen. Im Gedächtniß brauchen nur die wichtigsten und am häufigsten vorkommenden behalten zu werden, die übrigen können jeder Zeit aus gedruckten Büchern entnommen werden. Ferner gehört hierher das Ueberlasten des Gedächtnisses mit zahllosen Geschichtsdaten. Das Interesse am Geschichtsunterricht und der Nutzen desselben würde sicherlich größer sein, wenn man das Auswendiglernen von Daten auf die wichtigsten Ereignisse beschränken wollte. Auch das Einpauken kaum übersehbarer grammatikalischer Regeln beim Unterricht in fremden Sprachen bedarf dringend der Einschränkung.

Nach meinen persönlichen Erfahrungen wird eine fremde Sprache viel leichter erlernt, wenn nicht auf die Grammatik, sondern auf die Lektüre von Anfang an das Hauptgewicht gelegt wird. So habe ich Englisch hauptsächlich dadurch mir angeeignet, daß ich leicht geschriebene, aber fesselnde englische

Bücher mit dem Wörterbuch in der Hand zu lesen begann und nur nebenher die Grammatik studirte. Dadurch ist mir in verhältnißmäßig kurzer Zeit gelungen, was ich bei Befolgung der jetzigen Lehrmethode vielleicht erst in der doppelten Zeit erreicht hätte. Aehnlich ist es mir mit der französischen Sprache gegangen. Der dürftige, sich vorzugsweise auf Aneignung grammatikalischer Regeln erstreckende Gymnasial-Unterricht im Französischen würde niemals ausgereicht haben, diese Sprache soweit zu erlernen, um französische Werke ohne Wörterbuch zu lesen, vom Französisch-Sprechen ganz zu schweigen. Erst als ich anfing, anregende französische Bücher zu lesen, die man auf dem Gymnasium nie bekam — denn Molière's, Racine's, Chateaubriand's und Voltaire's Schriften sind schwerlich im Stande, das Interesse eines Gymnasiasten zu fesseln —, machte ich Fortschritte und gelangte noch vor dem Abgange vom Gymnasium dahin, französische Werke fließend übersetzen zu können. Man scheint philologischerseits vielfach zu übersehen, daß es denjenigen Gebildeten, welche eine fremde Sprache lernen, mit Ausnahme der Kaufleute, in erster Linie darauf ankommt, ein Buch lesen zu können; erst in zweiter Linie tritt das Bedürfniß zum Sprechen- und Schreiben-Können hervor. Bei der gegenwärtigen Unterrichtsmethode lernen die Schüler meist eine *Anzahl grammatischer Regeln und Vokabeln, aber keine Sprache.*

Außer den genannten beiden Mängeln in der jetzigen Unterrichtsmethode möchte ich noch auf einen dritten aufmerksam machen, der ebenfalls der Abhülfe zu bedürfen scheint. Man setzt nämlich häufig *zu viel bei den Schülern voraus* und ertheilt zu *schwierige Aufgaben*, welche eine Freudigkeit am Schaffen und Gelingen nicht aufkommen lassen. Die Themata zu den deutschen Aufsätzen stehen oft in gar keinem Verhältniß zur Urtheilskraft und zu dem Wissen der Schüler. Was soll z. B. ein 18jähriger Mensch über „das Wesen der Poesie", über „die formalen Merkmale des höchsten Gutes", über „Vorurtheile" u. dgl. m. schreiben. Selbst einem gereiften Manne würde es schwer werden, über diese Themata etwas leidlich Vernünftiges zu sagen. Dieselben klingen allerdings sehr gelehrt und geben der Schule einen gelehrten Anstrich, nehmen sich auch ganz gut in den Schulprogrammen aus. Allein einfachere Aufgaben würden mehr Nutzen stiften, insbesondere die natürliche Denkweise besser schärfen. Der Schwerpunkt soll nicht auf vielseitiges, sondern auf gründliches Wissen und auf tüchtige Ausbildung des Auffassungsvermögens sowie der Fähigkeit zum Lernen gelegt werden.

* * *

Unter den jetzigen Verhältnissen kann nur ein gut veranlagter Schüler den auf der Schule an ihn herantretenden Lehrstoff ohne Ueberanstrengung bewältigen, und selbstverständlich sind es nicht die guten Köpfe, bei welchen die betrübenden Erfahrungen bezüglich der Ueberbürdung gemacht sind. Das mögen vor allen Dingen diejenigen nicht übersehen, denen es auf der Schule leicht geworden ist. Der mittelmäßig oder schlecht begabte Schüler muß sich quälen und geht dabei, wenn er es gewissenhaft nimmt und einen gewissen Ehrgeiz besitzt, halb zu Grunde. Jetzt erst ist mir die zu meiner Schulzeit räthselhafte Thatsache klar geworden, daß die unfleißigen Mitschüler durchgängig die körperlich kräftigeren waren.

Der wahre Prüfstein für die Richtigkeit der Schulmethode ist nicht das hervorragende, sondern das mittlere Talent, da letzteres durchaus die große Regel bildet. So haben z. B. im Großherzogthum Hessen in den Ostercensuren 1882 von den Schülern der sämmtlichen höheren Schulen erhalten das Prädikat „sehr gut" 6%, „gut" 22%, „genügend" 52%, „nicht ganz genügend" 12% und „ungenügend" 8%, woraus hervorgeht, daß nicht viel über ¼ der Schüler mehr als mittelmäßig beanlagt sind.

Der Unterricht muß also so eingerichtet werden, daß ihm ein Schüler von mittelmäßigen Anlagen ohne Ueberanstrengung folgen kann. Die Befürchtung, daß bei einem derart herabgesetzten Lehrziele unser Volk nicht mehr so Hervorragendes leisten möchte wie bisher, ist gänzlich unbegründet. Denn das aufstrebende Talent wird immer noch auf der Schule eine genügende Grundlage der Bildung erhalten, um sich später selbst fortzuhelfen und die nöthige Anregung zu weiteren Studien zu finden. Es ist sogar wahrscheinlich, daß, wenn der Schulunterricht nicht mehr die ganze Kraft eines geistig geweckten Schülers in Anspruch nimmt, dieser sich schon frühzeitig einem Lieblingsfache zuwenden und dann später darin um so Größeres leisten wird. In England ist man nach Wiese's Versicherung zufrieden, wenn von 10 Schülern nur 2 etwas Ordentliches lernen, falls nur die übrigen die Leibesübungen eifrig treiben, was als die Hauptsache angesehen wird. Daselbst sind die Fälle häufig, daß junge Leute, welche durch besondere Verhältnisse in ihrer Ausbildung zurückgeblieben waren, später, irgendwie angeregt und begünstigt, mit bewunderungswürdigem Eifer Versäumtes nachholen.

Es ist schlechterdings nicht einzusehen, warum ein junger Mann schon mit 19 Jahren ein abgeschlossenes Wissen besitzen soll; die späteren Jahre sind doch auch zur weiteren Fortbildung da. Es wäre schlimm, wenn ein Gebildeter auf dem Wissensniveau stehen bleiben wollte, auf dem er mit 19 Jahren gestanden. Man darf nie vergessen, daß die Gymnasien, Realschulen u. s. w. keine Fachschulen, sondern nur Vorbereitungsanstalten für dieselben sein sollen. Sie sind nur dazu bestimmt, dem Schüler eine allgemeine Geistesbildung zu verleihen, welche denselben befähigt, die von ihm auf der Fachschule (Universität, Polytechnikum, Forst-, Bau-, Gewerbe-Akademie u. s. w.) zu erlernenden Kenntnisse und Fertigkeiten für seinen Beruf in sich aufzunehmen und zu verstehen. Das wird unzweifelhaft auch dann ermöglicht werden, wenn der Unterrichtsstoff auf den höheren Schulen in dem von mir vorgeschlagenen Umfange ermäßigt wird. Vor 50—60 Jahren waren die Studenten doch auch recht gut im Stande, ihr Fach auf der Universität gründlich sich anzueignen, und damals wurde auf den höheren Schulen nicht so viel gelehrt als jetzt. Noch zu Anfang dieses Jahrhunderts betrugen die Unterrichtsfächer auf den Gymnasien nur etwa 6—7, und die Zahl der Unterrichtsstunden stieg nirgends über 25. Die heutige Schulbildung ist zwar eine viel umfassendere geworden; gleichwohl sollen, wie allgemein behauptet wird, die jungen Leute nicht besser geistig geschult sein wie ehedem. Die intellektuelle Ausbildung der Jugend ist also durch Vermehrung der Wissensmenge nicht gefördert worden. Thatsache ist auch, daß zahlreiche weniger gewissenhafte Schüler ihre Hausaufgaben nicht erledigen und doch zum Ziele kommen, woraus folgt, daß das viele Arbeiten nicht nöthig ist. Eher möge man das Studium auf den Fachschulen verlängern; denn in diesem Alter sind die jungen Leute weit eher im Stande, starke Geistesarbeit ohne Schaden für die Gesundheit zu ertragen.

Der Vollständigkeit halber möchte ich hierbei noch auf einige Punkte aufmerksam machen, welche, wenigstens in gewissem Umfange, eine Rolle spielen. Ich meine zunächst das häufige Versetzen der Schüler in derselben Klasse nach ihren Leistungen, das sogenannte Certiren, und die häufigen Extemporalien. Beides ist sehr geeignet, die Schüler in beständiger Angst und Aufregung zu erhalten und sie durch Ueberreizung von Jugend auf nervös zu machen; und gerade die Schule sollte ein heilsames Gegenmittel gegen das nervöse Treiben der Gegenwart bilden. Es empfiehlt sich daher in diesen Punkten eine weise Beschränkung. Ebenso erscheint es geboten, auf die Examensleistungen ein weniger ausschlaggebendes Gewicht zu legen. Denn die bisherigen einseitige Betonung dieser Leistungen zwingt die Schüler, neben ihren sonstigen Schularbeiten noch umfassende Vorbereitungen zum Examen vorzunehmen, und stachelt die Gewissenhaften und Ehrgeizigen unter ihnen um so mehr zu aufreibenden Anstrengungen an, als ein gutes Prädikat nur verhältnißmäßig selten ertheilt wird.

* * *

So weit die Unterrichts-Methode. Ich komme nun zu einem andern Mangel in unserem höheren Schulwesen, der auch einen Theil der Schuld an dem körperlichen Rückgange unserer gebildeten Jugend trägt; es ist dies **die große Mangelhaftigkeit in der äußeren Einrichtung der höheren Schulen.** Die Klassenzimmer, deren natürliche und künstliche Beleuchtung sowie Ventilation, die Schulbänke, die Schulhöfe, alles dies entspricht vielfach nicht den einfachsten Forderungen der Schulgesundheitspflege. Ich habe manche Klassenzimmer gekannt, in welchen die Schüler so eng zusammengepfercht saßen, daß sie sich kaum rühren konnten. In der Quarta meines Gymnasiums saßen wir beispielsweise zu 80; die hinterste Bank stand unmittelbar an der Wand, und vorn war kaum noch genügender Raum für den Lehrstuhl; an beiden Seiten der Schulbänke blieben nur schmale Gänge. Das im Erdgeschoß liegende Zimmer befand sich wegen eines gegenüber gelegenen Gebäudes und vor dem Fenster stehender Bäume fast stets im Halbdunkel; in den kurzen Wintertagen konnte man früh um 8 und Nachmittags um 3 Uhr nur mit der größten Anstrengung lesen; für künstliche Beleuchtung der ganzen Klasse war gar nicht gesorgt; diejenigen, welche nach 4 Uhr noch Unterricht hatten, waren im Winter gezwungen, bei flackerndem Talglicht zu lesen.

Da war es denn kein Wunder, daß bei den meisten Schülern die Sehkraft zusehends sich verschlechterte. Ich kam mit vollständig gesunden, zur Kurzsichtigkeit keineswegs disponirten Augen aufs Gymnasium nach Quarta; bereits in Obertertia konnte ich nicht mehr das an der Schultafel Geschriebene erkennen. Von Klasse zu Klasse war ich gezwungen, schärfere Gläser anzuwenden; erst nach dem Abgang vom Gymnasium kam die Kurzsichtigkeit zum Stillstand; noch jetzt trage ich genau dieselbe Nummer im Augenglas, wie als junger Student.

Ging es in den Zwischenstunden etwas lebhaft in der Klasse her, so erhob sich gewöhnlich eine große Staubwolke, was sicherlich der Gesundheit nicht zuträglich sein kann. Am schlimmsten aber war es mit der Luft bestellt. Das merkte man sofort, wenn man einen Augenblick im Freien gewesen war und wieder in das Schulzimmer trat; die Luft in demselben erschien gänzlich verdorben. Ventilationsvorrichtungen gab es nicht, und in den Zwischenpausen dachte man nicht an gehöriges Lüften. Das war auch kaum möglich, da nur nach 10 Uhr eine viertelstündige Pause stattfand, und in den 5 Minuten dauernden Pausen um 9 und 11 Uhr Vormittags sowie um 3 Uhr Nachmittags die meisten Schüler im Klassenzimmer blieben. Auch jetzt ist es hierin anscheinend noch nicht besser.

Es haben nämlich jüngst im Auftrage des preußischen Cultusministers Untersuchungen über die Zusammensetzung der Luft in berliner höheren Lehranstalten stattgefunden, welche zu höchst traurigen Ergebnissen geführt haben. Nach Pettenkofer, welcher auf diesem Gebiete als Autorität gilt, darf der Gehalt der Luft an Kohlensäure nicht 1 auf 1000 übersteigen, wenn die Athmungsorgane normale bleiben sollen. Nun hat sich herausgestellt, daß in einem berliner Gymnasium der Kohlensäuregehalt schon vor Beginn des Unterrichts um 8 Uhr 1 auf 1000 betrug und bis 1 Uhr auf 8,25 auf 1000 stieg. In dieser ganzen Zeit fand eine Lüftung durch längeres Oeffnen von Thüren und Fenstern nicht statt, auch eine Ventilationsvorrichtung existirte nicht. Bei einem andern Gymnasium, welches zwar keine Ventilationsvorrichtungen besitzt, bei welchem aber in den kurzen Zwischenpausen die Thüren geöffnet wurden, stieg der Kohlensäuregehalt der Luft in den Schulzimmern bis 1 Uhr immer noch auf 4,10 aufs Tausend. Bei einem dritten Gymnasium, in welchem die Thüren wiederholt geöffnet wurden und Ventilationsvorrichtungen angebracht waren, wurde trotzdem noch als höchster Kohlensäuregehalt 1,95 : 1000 festgestellt. Blos in einem einzigen (neu errichteten) Gymnasium betrug der Kohlensäuregehalt nur wenig mehr als das geringste zulässige Maß, was allein durch längeres Oeffnen der Thüren und Fenster bei vorhandener Ventilation erzielt wurde. Da die überwiegende Mehrzahl der höheren Schulen in alten Gebäuden untergebracht ist, wo es gänzlich an genügenden Ventilationsvorrichtungen fehlt, so steht fest, daß die Schüler einen großen Theil des Tages eine Luft einathmen müssen, welche der Gesundheit schädlich ist.

Dieser Zustand ist deßhalb geradezu empörend, weil für die Zuchthaussträflinge ängstlich Vorkehrungen getroffen werden, daß sie nicht in verdorbener Luft leben. In dem von Reichswegen ausgearbeiteten Gesetzentwurfe von 1879 über die Vollstreckung der Freiheitsstrafen ist als oberster Grundsatz hingestellt, daß die Freiheitsstrafen nicht in gesundheitsschädlichen Räumen vollstreckt werden dürfen. Zu diesem Zweck ist die Größe der Räume im Verhältniß zur Zahl der darin Unterzubringenden genau bestimmt. So müssen beispielsweise geschlossene Arbeitsräume mindestens 8 Kubikmeter Luftraum für jede Person enthalten, und zu jeder Strafanstalt soll ein zur Bewegung der Gefangenen im Freien geeigneter Raum gehören. In der Begründung ist ausdrücklich hervorgehoben, daß für die Erhaltung der Gesundheit die Größe der Zellen und der Fensteröffnungen in erster Linie von Wichtigkeit sei; die Sträflinge selbst legen auf die Größe des ihnen gewährten Zellenraumes das größte

Gewicht; nichts errege so sehr ihren Mißmuth, als die Versetzung in eine kleinere Zelle, nichts werde freudiger von ihnen begrüßt, als die Bewilligung eines größeren Raumes.

Unsere Schüler erfordern doch wahrlich mehr Rücksicht als die Zuchthaussträflinge. Wenn 80 der letzteren in einem solchen Raume eingesperrt werden sollten, als ich in Quarta 6 Stunden des Tages mit 80 Mitschülern zubringen mußte, so würde sich in unserem humanen Zeitalter ein Schrei der Entrüstung erheben und mit Recht. Da der Staat die jungen Leute zwingt, zur Schule zu gehen, so muß er auch dafür sorgen, daß sie nicht in gesundheitsschädlichen Räumen sich aufzuhalten brauchen, um so mehr, als ein Schüler wegen seiner körperlichen Entwicklung viel mehr der frischen Luft bedarf, als ein Erwachsener.

Also für möglichst gesunde Luft in den Schulräumen muß unverzüglich gesorgt werden. Das kann nur bewirkt werden durch Einführung von kräftigen Ventilationen, welche beständig genügend frische Luft zu- und die verbrauchte abführen. Wo das nicht möglich sein sollte, müßten neue Schulgebäude errichtet werden. Die Kostenfrage ist hierbei ganz gleichgültig. Denn wenn es sich darum handelt, die Blüthe des deutschen Volkes in voller körperlicher und geistiger Kraft zu erhalten, würden selbst Hunderte von Millionen nicht in Betracht kommen können. Wenn das deutsche Volk reich genug ist, prächtige Museen, Kirchen, ein Reichstagsgebäude für 30 Millionen, luxuriöse Bahnhöfe, auf das Beste eingerichtete Zuchthäuser und Kasernen zu bauen, so wird sich wohl auch genügend Geld finden, um die Schulräume so herzustellen, daß sie keine Gefahr für die Gesundheit mit sich bringen. Deutschland ist gegenüber andern Staaten so wenig mit Schulden belastet, daß diese Ausgaben gar nicht drückend sein werden. Dieselben würden sich jedenfalls gut rentiren, sogar auch in finanzieller Hinsicht. Denn es ist wohl nicht zweifelhaft, daß bei gesundheitsgemäßerem Schulleben die jetzt sehr beträchtlichen Pensionsfonds für Beamte bedeutend entlastet werden würden. Wird doch, wie oben nachgewiesen, bei zahlreichen Personen, welche die höheren Schulen besucht haben — und zu diesen gehört ein großer Theil der Beamten — lediglich in Folge des Schulbesuchs der Keim zu einer frühzeitigen Untauglichkeit gelegt.

Für die neu zu errichtenden Schulbauten sind allerdings in den meisten deutschen Staaten leidlich genügende gesundheitspolizeiliche Vorschriften erlassen. Allein die bereits bestehenden müssen größtentheils so bald wie möglich, koste es was es wolle, entweder umgebaut oder neugebaut werden, damit sie genügend große Zimmer, ausreichendes Licht, gesunde Luft und geräumige Schulhöfe erhalten. Da aber selbst die besten Vorrichtungen nicht immer gute Luft zu schaffen im Stande sind, so muß der Aufenthalt in der Schulhausatmosphäre so viel wie nur irgend möglich beschränkt werden, was wiederum nur durch thunlichste Verringerung der Unterrichtsstunden erzielt werden kann.

* * *

Die Schulbänke sprechen den vernünftigen Anforderungen meist geradezu Hohn. Sie zwingen den Körper förmlich dazu, eine schiefe Haltung anzunehmen und die Augen dem Sehobjekt über Gebühr zu nähern. In meiner Schule z. B. gab es gar keine Rückenlehnen; dazu konnten nur die scharfen Kanten der dahinter stehenden Schulbank benutzt werden; von einem ordentlichen Ausruhen des so lange gekrümmt gehaltenen Rückens war daher nicht die Rede. Stützte man sich aber einmal, um den durch mehrstündiges Sitzen ermüdeten Körper einigermaßen auszuruhen, mit dem Ellenbogen seitwärts auf den Tisch, so bekam man einen Verweis. Alle diese fehlerhaften Schulbänke müssen sofort durch andere ersetzt werden, deren in der letzteren Zeit recht zweckmäßige konstruirt worden sind, und zwar müssen für jede Klasse Schulbänke von verschiedener Höhe angeschafft und die Schüler entsprechend ihrer Körpergröße — nicht nach ihren Leistungen — gesetzt, auch unausgesetzt zu einer richtigen Körperhaltung angehalten werden. In letzterer Beziehung haben in Stuttgart angestellte Versuche ergeben, daß, wenn beim Schreiben das Heft schräg von rechts nach links mitten vor der Brust liegt und die gewöhnliche rechtsschräge Schrift geschrieben wird, die zahlreichen Fälle abnormer Annäherung der Augen an das Sehobjekt sowie schiefer Körperhaltung eine deutliche Verminderung erfuhren.

Ferner dürfen die von den Schülern benutzten Bücher keine zu kleine Schrift haben und die Schüler selbst dürfen nicht zu klein schreiben. Ueberhaupt muß das Lesen und namentlich das Schreiben auf das zulässig geringste Maß beschränkt werden, so daß beispielsweise die in wiederholtem, geistlosem Abschreiben einer Aufgabe bestehenden Strafarbeiten unbedingt wegzufallen haben. Lesen und Schreiben macht ohnehin den überwiegenden Theil der Beschäftigung aus und die Augen dürfen unter keinen Umständen über Gebühr angestrengt werden. Es scheint, daß nicht sowohl das viele und scharfe Sehen an sich die Augen kurzsichtig macht, sondern das Fixiren der Schriftzeichen. So fand Prof. Cohn bei Uhrmachern und Goldarbeitern, deren Augen doch fortwährend gezwungen sind, die kleinsten Gegenstände zu betrachten, nur 8 bezw. 12% Kurzsichtige, dagegen bei Lithographen und Schriftsetzern 45 bezw. 51%. Deßhalb verlangen die Aerzte, daß das Auge nicht zu ununterbrochen zum Sehen in der Nähe gezwungen, ihm vielmehr öfter Gelegenheit zum Sehen in die Ferne gegeben werde, und daß die Schulzimmer stets den Forderungen der Schulgesundheitspflege entsprechend und insbesondere so hell erleuchtet seien, daß feine Diamantschrift bei mittelhellem Wetter auf eine Entfernung von 30—35 Centimeter bequem gelesen werden kann. Es muß daher wegen der trüben Tage, wie sie der Winter mit sich bringt, für künstliche Beleuchtung des ganzen Schulzimmers Sorge getragen werden, weil diese nach der Ansicht der Sachverständigen jedenfalls weniger schädlich ist, als ungenügendes Tageslicht. Endlich muß seitens der Lehrer und Eltern streng darauf gehalten werden, daß kein Schüler im Zwielicht oder bei schlechter Beleuchtung liest oder schreibt und sich mit dem Auge zu weit dem Sehobjekt nähert.

Man möge übrigens nicht glauben, daß durch Beseitigung der Schulzimmer mit ungünstigen Lichtverhältnissen und der fehlerhaften Schulbänke der Kurzsichtigkeit in erheblichem Maße abgeholfen werden würde. Denn auch in höheren Schulen mit den zweckmäßigsten Einrichtungen in dieser Beziehung hat sich das Uebel gezeigt, wenngleich in einem etwas geringeren Umfange. So wurden in einigen unter Berücksichtigung der hygienischen Anforderungen neu erbauten Gymnasien in den obersten Klassen immer noch an Kurzsichtigen ein Prozentsatz von über 50 constatirt. Die von allen Sachverständigen als solche bezeichnete Hauptsache bleibt also eine lediglich durch Verringerung der Unterrichts- und Arbeitsstunden herbeizuführende, weniger große Anstrengung der Augen.

Man hat die Forderung aufgestellt, daß die deutschen (gothischen) Schriftzeichen abgeschafft und dafür die lateinischen eingeführt werden möchten, weil man glaubt, daß die eckigen Formen der ersteren dem Auge schaden, und hat dies hauptsächlich daraus geschlossen, daß nur in Deutschland und wohl auch in der Schweiz sowie in Deutsch-Oesterreich die Kurzsichtigkeit einen so beklagenswerthen Umfang erreicht habe. Die Sachverständigen sind in diesem Punkte getheilter Ansicht; ein Theil derselben hält diese angebliche Ursache der Kurzsichtigkeit nicht für zutreffend. Ich möchte mich dieser Meinung deßhalb zuneigen, weil in Dänemark und Norwegen, wo doch dieselben Schriftzeichen wie in Deutschland in Gebrauch sind, die Kurzsichtigkeit nach meinen Beobachtungen keineswegs so verbreitet ist, wie in Deutschland, und weil nach den Erklärungen älterer Leute dieses Uebel früher in Deutschland bei weitem nicht den Umfang gehabt haben soll als jetzt, obgleich auch damals schon die deutschen Schriftzeichen so sehr in Gebrauch waren als gegenwärtig. Indeß ist dieser Punkt einer eingehenden Prüfung werth. Man könnte zu diesem Zwecke in mehreren höheren Schulen nur Bücher mit lateinischen Schriftzeichen einführen und auch mit solchen Schriftzeichen schreiben lassen. Da würde man sehr bald sehen, ob etwas Wahres an der Sache ist.

* * *

Was die Hausarbeit anlangt, so wird dieselbe möglichst zu beschränken, aber keineswegs ganz aufzugeben sein. Insbesondere scheinen schriftliche Hausaufgaben nicht gut entbehrt werden zu können. Die in dieser Richtung in stuttgarter Schulen angestellten Versuche haben nämlich ergeben, daß die Schüler ohne solche Aufgaben sich von jeder Arbeit frei wähnten und erst kurz vor dem Unterricht das zum Lernen Aufgegebene sich hastig aneigneten. Auch scheint das pädagogische Interesse die Gewöhnung des Schülers an Selbstthätigkeit zu verlangen. Schon im Interesse der Familie muß es liegen, daß die Schüler zu Hause nicht blos Allotria treiben, sondern auch bestimmte Arbeitsstunden innehalten und dadurch an Zucht und Ordnung gewöhnt werden. Aus diesem Grunde dürfte es sich empfehlen, den Nachmittagsunterricht nicht ganz fallen zu lassen, sondern an vier Tagen mit je einer Stunde beizubehalten, was auch deßhalb wünschenswerth erscheint, damit nicht die Zahl der Unterrichtsstunden am Vormittag eine zu große werde. Vier Lehrstunden hintereinander sind mehr als genug. In der 4. Stunde ist erfahrungsmäßig die Aufmerksamkeit und geistige Spannkraft der Schüler bedeutend geschwächt, so daß der Erfolg gar einer 5. Lehrstunde sicherlich ein höchst problematischer sein muß. Ueberdies sind für zahlreiche Schüler die Schulwege in den Wochentagen die einzige Gelegenheit, frische Luft zu schöpfen.

Wenn man ärztlicherseits ein Hintereinander von 4 Sitz- und Denkstunden am Vormittag für zulässig erachtet, so wird dagegen nichts zu erinnern sein. Es würde damit in der Woche die volle Stundenzahl erreicht werden, welche nach meinen Ausführungen für den Unterricht nöthig sind; der Nachmittag könnte dann, wie dies bereits auf den preußischen Kadettenschulen eingeführt ist, mit Leibesübungen, gemeinschaftlichen Spaziergängen, Spielen, Schlittschuhlaufen u. dgl. m. ausgefüllt werden. Dadurch würde es zugleich ermöglicht, daß die schädliche Arbeit unmittelbar nach Tisch in Wegfall kommt.

Hierbei kann ich es mir nicht versagen, dem Bedenken Ausdruck zu verleihen, daß viele Schüler in zu zartem Alter auf die Schule geschickt werden. „Das frühzeitige Quälen der kleinen Kinder mit vielem Lernen erregt Unlust sowie feindselige Auffassung von der Arbeit und der Pflichterfüllung überhaupt.“ Der Körper ist noch nicht widerstandsfähig genug, das Gehirn noch nicht im Stande, eine größere Menge geistiger Nahrung zu verdauen, und bekanntlich disponirt die zu frühe Anstrengung eines Organes dasselbe zu vorzeitiger Rückbildung. Daher kommt es, daß viele Schüler in den unteren Klassen länger als nöthig sitzen bleiben. Es wäre durchaus zweckmäßig, wenn kein Schüler vor vollendetem 9. Lebensjahre in Sexta aufgenommen würde. Denn es ist dabei noch zu bedenken, daß es keineswegs gut ist, wenn ein Schüler in zu jungen Jahren die Universität bezieht, weil dort der Körper und der Charakter eine große Widerstandskraft nöthig haben, um durch das freie Studentenleben nicht geschädigt zu werden. Recht beherzigenswerth ist, was Humboldt in dieser Beziehung geäußert hat: „Ich war 18

Jahre alt und konnte so gut wie nichts; wäre ich der jetzigen Schulbildung in die Hände gefallen, so wäre ich leiblich wie geistig zu Grunde gegangen."

* * *

Eine große Hauptsache bleibt neben der Verringerung der Schul- und Arbeitsstunden unter allen Umständen **die ausgiebige Bewegung des Körpers in frischer Luft.** Alle bedeutenden Pädagogen preisen den günstigen Einfluß, welchen die körperliche Thätigkeit auf Gesundheit, Rüstigkeit, Gewandtheit und Widerstandsfähigkeit des Leibes gegen Erkrankungen ausübt; nicht wenige heben auch die günstige Einwirkung auf die geistige Entwicklung hervor. „Körperliche Gesundheit und geistige Energie sind die schöne Doppelfrucht einer geregelten Leibesübung." Denn diese bringt eine Steigerung des gesammten Körperlebens mit sich. In dieser Hinsicht sah es bis vor ganz kurzer Zeit recht trübe aus. In der ganzen Woche waren von Schulwegen nur 2 Turnstunden den Leibesübungen gewidmet. Aber auch diese 2 Stunden kamen durchaus nicht zur vollen Geltung. An zahlreichen Gymnasien giebt es keine gedeckten Hallen, so daß der Turnunterricht bei schlechtem Wetter und im Winter ausfiel. Ein großer Theil der Schüler, etwa 10%, war vom Turnunterricht dispensirt. Dieser selbst wurde nicht immer so betrieben, daß der Körper davon erheblichen Gewinn hatte. Man lehrte zu viel Kunststückchen und war zu wenig auf systematische, allseitige Kräftigung des Körpers bedacht. Auch war auf Seiten der Schüler meist nur geringe Lust vorhanden.

Es ist nun zwar von den meisten Regierungen den Schulbehörden die körperliche Entwicklung der Schüler aufs Wärmste an das Herz gelegt worden. Allein es wird, wie jetzt nun einmal die Dinge liegen, voraussichtlich Alles so bleiben, wie es war. Schon die Zahl der gegenwärtigen Lehr- und Arbeitsstunden verbietet eine gründliche Abhülfe von selbst. Woher soll im Winter die Zeit zu Leibesübungen und zur Bewegung in frischer Luft hergenommen werden, wenn die Schule um 8 Uhr beginnt und mit einer zweistündigen Unterbrechung, welche zum Essen verwendet werden muß, bis 4 Uhr dauert? Nur zwei Nachmittage zur körperlichen Erholung zu verwenden, ist, namentlich bei der gegenwärtigen Stundenzahl, zu wenig; an jedem Tage muß wenigstens eine volle Stunde hierzu bestimmt werden, wenn von einem Nutzen die Rede sein soll. Nimmt die Schule die Sache nicht in die Hand, so ist keine Hülfe zu erhoffen. Denn in den meisten Familien besteht leider volle Gleichgültigkeit bezüglich der Pflege der Gesundheit; auch fehlt die nöthige Aufsicht. Darauf, daß die Schüler ihre Schularbeiten erledigen, wird fast überall gesehen, nicht aber darauf, daß sie im Freien sich erholen. Die Schule überläßt mit Ausnahme des spärlichen Turnunterrichts dem Hause die Sorge um das körperliche Wohl; dieses aber kümmert sich nicht darum. In Folge dessen wird die von der Schule nicht in Anspruch genommene Zeit zu allem Möglichen, nur nicht zu heilsamen Leibesübungen benutzt. Bei dem in dieser Richtung herrschenden Schlendrian möchte ich fast annehmen, daß mancher Leser erst durch die Lektüre dieses Schriftchens von der ganzen Ueberbürdungsfrage Kenntniß erhalten haben wird.

Es muß unserer gebildeten Jugend erst wieder die Lust am Tummeln im Freien eingeflößt werden, die Lust zu harmlosen Spielen, damit wir nicht länger Stubenhocker, Bücherwürmer und blasirte Menschen heranziehen. Außer zweckmäßig eingerichteten Turnhallen und Turnplätzen sind daher auch geräumige Schulhöfe und Spielplätze von Nöthen, damit die Schüler in jeder Zwischenstunde frische Luft schöpfen und des Nachmittags oder Abends in gemeinschaftlichen Spielen Lunge und Muskeln stärken können. Ein Anlauf hierzu ist allerdings von einzelnen Schulverwaltungen jüngst genommen; allein es bedarf der größten Energie, wenn er nicht wieder im Sande verlaufen soll. Die leidige Kostenfrage muß in irgend einer Weise gelöst werden, sei es, daß die Gemeinden oder der Staat oder die Eltern oder Alle gemeinschaftlich die Kosten übernehmen; selbstverständlich aber ist es, daß die Theilnahme am Turnunterricht, an den gemeinschaftlichen Spielen u. s. w. allen Schülern zur Pflicht gemacht wird. Mit halben Maßregeln ist auch hier nichts anzufangen.

Ohne alle Kosten ließe sich dadurch Manches für das leibliche Wohl der Schüler thun, daß diese wieder das Wandern lernen. Denn kaum etwas Anderes trägt so sehr zur Kräftigung des Körpers bei und bringt so heilsam den Blutlauf in Bewegung als ein tüchtiger, aber nicht übertriebener Fußmarsch; das wird wohl jeder Leser an sich selbst schon erprobt haben. Leider hat man in unserem Zeitalter der Eisen-, Straßen- und Pferdebahnen das Marschiren beinahe ganz verlernt; fast gilt es als unanständig, wenn man zu Fuß von einem Ort zum andern geht; daher auch die große Zahl Fußkranker beim Militär, wenn anstrengende Märsche stattfinden. Es ist mir schon häufig der Gedanke gekommen, ob nicht die so oft mit Recht beklagte, allgemein überhand nehmende Blutarmuth und Nervosität des lebenden Geschlechts, wenigstens zum Theil, mit dem beständigen Fahren und dem seltener gewordenen Fußwandern zusammenhängen sollte.

Man tröstet sich vielfach damit, daß die allgemeine Wehrpflicht ein gewisses Gegengewicht gegen den gesundheitschädigenden Einfluß der höheren Schulen bilde. Darüber täuscht man sich indeß. Nicht als ob ich damit sagen wollte, daß der Militärdienst den Körper nicht kräftige. Im Gegentheil; ich habe eine so hohe Meinung von dem wohlthätigen Einfluß desselben auf den Menschen in körperlicher und sittlicher Hinsicht, daß ich meine, man müsse die allgemeine Wehrpflicht einführen, auch wenn sie zur Vertheidigung des

Vaterlandes nicht unbedingt nöthig wäre. Wenn ich daher meine, daß der Militärdienst auf die aus den höheren Schulen hervorgegangenen jungen Leute diesen Einfluß nicht genügend ausüben kann, so hängt dies einfach damit zusammen, daß über die Hälfte dieser Personen wegen körperlicher Untauglichkeit zum Dienst gar nicht zugelassen werden kann. Also gerade denjenigen, welche es am nothwendigsten hätten, kommt der Segen des Soldatendienstes gar nicht zu Gute.

* * *

Nach den bisherigen Ausführungen dürfte es jedem Unparteiischen klar geworden sein, daß hauptsächlich die Schule — und zwar nicht sowohl vorzugsweise die Lehrer als das ganze Unterrichtssystem — den körperlichen Rückgang unserer gebildeten Jugend verschuldet hat und daß sie in erster Linie berufen ist, eine Besserung herbeizuführen. Indeß darf nicht verkannt werden, **daß auch das Haus und die Familie hierbei eine Rolle spielen.** Die ehemalige strenge häusliche Zucht hat aufgehört, die Familienbande selbst sind zum Theil gelockert; die so nothwendige Ueberwachung der Schüler außerhalb der Schulstunden hat nachgelassen. In Folge dessen ist der Entwicklung sträflicher Leidenschaften ein leichterer Spielraum gegeben. Zahlreiche Eltern haben nicht die Energie, dem schädlichen frühzeitigen Rauchen, Biertrinken, Kartenspielen, Tanzen und andern aufregenden Vergnügungen entgegenzutreten; Schwachheit und Affenliebe, oft auch der Wunsch, ihre Söhne möglichst bald zu etwas ganz Besonderem zu machen, stiften viel Schaden an, indem die Kinder zu Hause in der verkehrtesten Weise über ihre Kräfte vorwärts getrieben werden. Aus letzterem Wunsche entspringt auch das unheilvolle Bestreben vieler Eltern, ihren Söhnen außer dem Schulunterricht noch Unterricht in verschiedenen andern Fächern ertheilen zu lassen, ohne welchen nach landläufiger Ansicht eine allgemeine Bildung nicht gedacht werden kann. Die in einzelnen Städten angestellten Erhebungen haben ergeben, daß bis 60% der Schüler in den höheren Schulen Privatunterricht hatten. Obenan steht der Musikunterricht, den nur junge Leute von wirklichem musikalischen Talent erhalten sollten. Jedenfalls wäre es ganz angezeigt, wenn die Schule vorschriebe, daß ein Schüler nur eine bestimmte, geringe Zahl von Unterrichtsstunden in Nichtschulfächern erhalten dürfte. Der über das ganze Volk gekommenen Bildungswuth wird zweckmäßig ein kleiner Dämpfer aufzulegen sein.

Zu tadeln ist ferner, daß die Schüler in den meisten Familien nicht hinreichend auf die Gefahren übermäßiger Augenanstrengungen hingewiesen werden und daß sie gewöhnlich auf Stühlen und an Tischen sitzen müssen, welche für Erwachsene bestimmt sind, wodurch sie gezwungen werden, das Gesicht direkt auf das Buch und die rechte Schulter hoch zu halten. Dem Uebelstand, daß in vielen Familien den Schülern nicht die nöthige Ruhe zum Arbeiten geboten werden kann, ließe sich vielleicht durch die Einrichtung von fakultativen Arbeitsstunden in den Schulräumen abhelfen.

* * *

Wenn ich auf Grund meiner Prüfung zu dem Ergebniß gelangt bin, daß eine Ueberbürdung in den höheren Schulen besteht, und daß derselben hauptsächlich durch Verminderung der Sitz- und Denkstunden abgeholfen werden muß, so möchte ich doch bei Leibe nicht einen Entlastungsfanatismus entfesseln. Unsere jungen Leute sollen zwar nicht zu übermäßiger, wohl aber zu ernster, tüchtiger Arbeit angehalten werden. Zu geringe Beschäftigung würde ebenfalls erhebliche Nachtheile mit sich bringen.

Und nun noch ein Wort zum Schluß. In Vorstehendem glaube ich die Ueberbürdungsfrage objektiv, wenn auch vielleicht nicht schulgerecht, behandelt zu haben. Ob ich die Mehrzahl der Leser und namentlich die maßgebenden Kreise überzeugt haben werde, möchte ich freilich bezweifeln. Denn wie man den Brunnen erst dann zuzudecken pflegt, wenn das Kind hineingefallen ist, so pflegt man an die Heilung socialer Schäden erst dann zu gehen, wenn dieselben chronisch geworden und kaum noch zu heilen sind. Unter den gegebenen Verhältnissen hängt die Vornahme gründlicher Reformen von Schulmännern ab. Diese werden hergebrachtermaßen, ehe etwas unternommen wird, zum Bericht aufgefordert. Es ist aber nicht zu erwarten, daß Philologen jemals die Zustimmung zu den von mir vorgeschlagenen oder ähnlichen, jedenfalls aber gründlichen Verringerungen des Lehrstoffes und der Unterrichtsstunden geben werden.

Was geschehen würde, wenn die Schulmänner einen entscheidenden Einfluß auf die Regelung der Ueberbürdungsfrage ausüben, hat die Ende 1882 in Darmstadt zusammenberufene Kommission bewiesen, welche zwar das Vorhandensein einer Ueberbürdung der Schüler in einzelnen Nebenpunkten bejahte, aber in dem Maße von philologischen Anschauungen beherrscht war, daß sie zu sehr am Hergebrachten haftete und über Halbheiten nicht hinauskam. Ein Philolog kommt mir in dieser Richtung wie eine deutsche Hausfrau vor, welche zur Entlastung der mit Urväter-Hausrath vollgestopften Rumpelkammer gern einige alte Stücke wegwerfen möchte, sich hierzu aber nicht entschließen kann, weil sie jedes einzelne Stück für noch brauchbar und unentbehrlich hält.

Dazu kommt, daß die an der Spitze der Unterrichtsverwaltung stehenden Männer wohl ausnahmslos von Haus aus gut beanlagt sind; denn andernfalls würden sie schwerlich in ihre hohe Stellung gelangt sein. Die Bewältigung des Unterrichtsstoffes auf den Schulen wird ihnen daher verhältnißmäßig leicht geworden sein, woraus anderseits folgt, daß es ihnen schwer werden mag, sich von dem wirklichen Bestehen einer Ueberbürdung zu überzeugen. Gegen die Meinung seiner Räthe wird aber auch der weitschauendste Unterrichtsminister die Verantwortlichkeit für eine radikale Aenderung des bisherigen Unterrichtssystems nicht auf sich nehmen wollen. Vielleicht erhebt der Kriegsminister seine Stimme und Veranlassung dazu hätte er wahrlich. **Allein ich fürchte, bevor nicht der letzte Primaner kurzsichtig und militäruntauglich geworden ist, bleibt der Zopf uns hinten hängen.**

Druck von M. DuMont-Schauberg in Straßburg.

FSC
www.fsc.org
MIX
Papier | Fördert gute Waldnutzung
FSC® C083411

Kolibri 360 GmbH
Ferdinand-Jühlke-Straße 7
99095 Erfurt, Deutschland
produktsicherheit@kolibri360.de